格林纳达卡里亚库岛之旅

[格林纳达] 大卫 · 安布罗斯（D. E. Ambrose） 著
张琛 译
赵旻燕 [格林纳达] 花儿赛亚（Blossom Daneal Neashme Sayers） 审校

That Time in Bogles: A Carriacou Tale

上海交通大学出版社
SHANGHAI JIAO TONG UNIVERSITY PRESS

内容提要

本书聚焦于20世纪80年代初的格林纳达卡里亚库岛的文化风貌，以一位格林纳达男孩的旅程为主线，讲述了他离开家乡，假期前往卡里亚库岛，在博格斯小镇发生的故事。通过这段经历，引领读者深入了解了卡里亚库岛丰富的文化遗产，深刻探讨了当地的传统文化、社区凝聚力及家庭纽带等多重主题。书中生动描绘了博格斯小镇的日常生活，捕捉了岛上独特的风土人情与生活习惯，为读者呈现了一幅丰富多彩的文化画卷。本书的特色是，它将丰富的文化内涵与引人入胜的故事相结合，带领读者近距离了解充满活力的加勒比地区的生活和传统。

图书在版编目(CIP)数据

格林纳达卡里亚库岛之旅 / (格林纳达) 大卫·安布罗斯 (D. E. Ambrose) 著 ; 张琛译. -- 上海 : 上海交通大学出版社, 2025. 6. -- ISBN 978-7-313-32592-1

Ⅰ. G176.91

中国国家版本馆CIP数据核字第2025SD2043号

格林纳达卡里亚库岛之旅

GELIN NADA KALIYAKUDAO ZHI LÜ

著　　者：[格林纳达] 大卫·安布罗斯
译　　者：张　琛
出版发行：上海交通大学出版社
地　　址：上海市番禺路951号
邮政编码：200030
电　　话：021-64071208
印　　制：上海新华印刷有限公司
经　　销：全国新华书店
开　　本：880 mm×1230 mm　1/32
印　　张：3.375
字　　数：62千字
版　　次：2025年6月第1版
印　　次：2025年6月第1次印刷
书　　号：ISBN 978-7-313-32592-1
定　　价：68.00元

献词

本书献给我的母亲 维吉尼亚·安布罗斯(Virginia Ambrose)(娘家姓 Ashby),她是卡里亚库岛博格斯人;以及她已故的姐妹帕斯托拉·斯塔福德(Pastora Stafford)(娘家姓 Ashby)和弗朗西斯卡·摩西(Franseca Moses)(娘家姓 Ashby)。

致谢

衷心感谢欧米茄·斯塔福德-拉利特(Omega Stafford-Lalitte)、阿尔法·斯塔福德(Alpha Stafford)和梅维斯·斯塔福德(Mavis Stafford)分享他们在博格斯成长的经历。

最深切感谢维克多·阿什比先生(Victor Ashby)先生 C.B.E 撰写前言,并分享有关博格斯文化以及卡里亚库岛文化的宝贵信息。

感谢戈德温·摩西(Godwin Moses)提供有关卡里亚库岛音乐传统的信息和建议。

感谢查尔斯·哈默(珀西)(Charles Hamer)(Percy)提供有关博格斯传统活动的信息。

感谢我美丽的妻子多萝西·察卡尼·安布罗斯(Dorothy Tsakani Ambrose)在我完成这个写作项目时给予我的支持。

译者序

《格林纳达卡里亚库岛之旅》是一部充满地方色彩与人文关怀的作品。它以格林纳达卡里亚库岛(Carriacou)为背景,生动描绘了该岛独特的社会结构、文化习俗和人们的日常生活。作者以细腻而富有诗意的笔触,展现了这个加勒比小岛的风土人情,使读者仿佛置身于一片充满历史回响的海岛天地。

译者入职宁波工程学院后,依托外国语学院格林纳达研究中心的平台,开始了解加勒比地区,尤其是格林纳达的国情。随着研究的深入,译者对这一具有鲜明民族特色的国家及其地区有了更全面的认识,也愈发被其丰富的历史、多元的文化及独特的社会发展路径所吸引。这本书的原作者是格林纳达玛丽秀社区大学文理学院的教授,他兼具教育家与作家的身份。除了讲授传播学、基础西班牙语和基础德语课程外,他还出版了多部围绕格林纳达文化的作品。本书就是其中一部脍炙人口的作品。

在翻译这部作品的过程中，译者深刻感受到原作语言的韵律美感及其文化的独特性。作者的叙述既生动形象，又融入了浓厚的地方口音和克里奥尔(Creole)元素，使翻译充满挑战。为了更准确地传达原作的语境，译者查阅了大量关于格林纳达历史、克里奥尔文化及加勒比地区社会发展的资料，力求在忠实原文的基础上，使译文在中文表达上更具可读性，并在适当的地方添加了注释，以帮助读者更好地理解小说中的特色文化细节。书中对卡里亚库岛居民的生活细节、习俗礼仪的描绘，使译者仿佛置身其中，深刻体会到当地社会的文化独特性，甚至产生了一种"阅读即生活"的沉浸感。

克里奥尔语言的翻译尤为复杂。作为一种深受历史影响的混合语言，它承载着当地人的情感与身份认同。为了在不同语言系统之间找到平衡，既保留原文的文化韵味，又确保读者能够理解其中的深意，译者特别邀请了宁波工程学院格林纳达籍留学生花儿赛亚(Sayers Blossom Daneal Neashme)，协助核实和校对书中大量克里奥尔语方言及卡里亚库岛的特色文化。与此同时，书中关于岛上社会习俗、家庭关系、宗教信仰等内容的描写，也让译者在翻译过程中不断思考如何在文化转译中做到既忠实原意，又能让中文读者感受到原作的丰富层次。

本书的中文译本不仅是一次语言的转换，更是一座文化沟通的桥梁。译者希望这本书能够帮助中国读者更深入地了解卡里亚库岛的独特魅力，感受作者笔下人物的喜怒哀乐，并为区域研究及跨文化交流提供新的视角。同时，这部翻译作品也是中格复交20周年的重要学术成果之一，展现了学术交流在促进中国—加勒比文化理解中的积极作用。感谢宁波工程学院格林纳达研究中心及外国语学院提供的平台，使这本书的翻译与出版得以顺利完成。

在此，译者要感谢出版社的大力支持，也衷心感谢所有帮助我完成这次翻译工作的朋友、学者和编辑们。愿这本书的出版成为中国—加勒比文化交流的一次美好契机。

张　琛

2025年1月

作者序

《格林纳达卡里亚库岛之旅》恰如其分地提醒着所有西印度群岛的人民，回顾自解放与独立以来所走过的历程。在这部史诗般的文化作品中，大卫·安布罗斯(D. E. Ambrose)引领读者穿越时空，回到那个以家庭与村庄为核心构筑加勒比文化的时代。故事发生在格林纳达最大的附属岛屿卡里亚库岛(Carriacou)，彼时，在外来文化尚未冲击加勒比传统生活方式之前，这片土地曾是维系西印度群岛社区传统与价值观的“宝藏之地”。

卡里亚库当地居民①以及众多的格林纳达人都喜欢重温那段时光——无论是成人还是孩子，居民们都会聚集在路边，享受

① 英语原文为 Kayaks。欧洲人(即 18 世纪奴隶制时期殖民该岛的英国人和法国人)到来之前，岛上最初居住着美洲印第安人。卡里亚库(Carriacou)这个名字来自美洲印第安人对该岛的称呼“Kayryouacou”，意为“海龟之岛”。卡里亚库以苏格兰人带来的造船技术而闻名，该岛至今仍保留着这一传统。卡里亚库岛本地人被亲切地称为“Kayaks”。

一场充满活力的板球比赛，尤其是在强大的西印度群岛板球队称霸赛场的辉煌时代。这段故事不仅能勾起他们的回忆，也能让读者了解过去的生活图景：旱季取水的艰辛、传统美食包括萨拉卡[①]的独特风味、安放墓碑的庆典仪式、村庄婚礼的热闹场景，以及法林[②]烘焙的传统技艺。这些珍贵的文化习俗，构成了卡里亚库岛丰富而独特的历史记忆。

这本书集历史学、社会学、人类学与文学于一体，是一部难得的文化佳作。无论是卡里亚库人、格林纳达人、西印度群岛居民，还是对加勒比传统生活方式感兴趣的读者，都不容错过。它不仅带领读者领略原汁原味的卡里亚库岛的传统，还能启发思考，打破固有认知，深入理解当地人民世代珍视的风俗与文化。

大卫·安布罗斯以生动细腻的笔触，出色地记录了卡里亚库岛人民的生活方式，确保子孙后代永远铭记自己的文化遗产。

维克多·阿什比

大英帝国司令勋章 C.B.E 获得者

前格林纳达男子中学校长

---

① 萨拉卡(Sarraco)：格林纳达社区食物聚会中最受欢迎的例子之一是萨拉卡(Sarraco)。它在卡里亚库岛盛行。社区食物收集的做法植根于西非传统。通常情况下，食物是由社区成员在社区内种植和饲养的。

② 法林(Farine)在加勒比美食中占有特殊地位，不仅因为其用途广泛，还因为其文化意义。这种食物世代相传，通常与传统的烹饪方法和公共聚餐活动联系在一起。对许多人来说，这是一种让人感到舒适的食物，它能唤起人们对家庭和家庭聚会的回忆。具体做法的介绍详见第九章。

目录

第一章 前往卡里亚库岛

在格林纳达圣帕特里克海岸西北约16公里处，单桅木帆船“迎风号”迎着海风，向北驶向卡里亚库岛的希尔斯堡①。海面波涛汹涌，船身剧烈摇晃，船尾甲板上的狭小船舱里挤满了18名乘客。丹尼尔紧紧抓住长凳，生怕被掀翻——高达2米多的海浪不断拍打着这艘长达24米、绿白相间的帆船。四名船员在甲板上奔忙，努力固定那些随着船身颠簸而摇晃的货物。

丹尼尔抱怨着，每年这个时候都要前往格林纳达的姊妹岛——卡里亚库岛。三四月间，海浪总是最为汹涌，可他的母亲却坚持要他和表哥一起去卡里亚库岛度过复活节假期。就在“迎风号”再次被巨浪抛起的一瞬间，他忍不住低声埋怨起来。

“喂，你怎么了？”他的表哥伊莱贾平静地坐在他身旁，大声喊道，声音盖过了船发动机的轰鸣。

“表哥，我们还要忍受多久？”

汗水顺着丹尼尔黝黑却因晕船而苍白如纸的脸颊滑落，他看上去随时都可能吐出来。

伊莱贾笑了笑：“我们才在海上待了三个小时。别担心，再坚持四个小时就到了。”

---

① Hillsborough：希尔斯堡是格林纳达的城市，也是卡里亚库和小马提尼克的首府。

丹尼尔惊恐地看着他的表哥，深深叹了口气。他摇了摇头，心里暗自庆幸母亲在1970年初移民到了格林纳达。他无法想象如果自己必须经常乘船往返于卡里亚库和格林纳达会是怎样的日子。此刻，他由衷地感谢上帝，也庆幸自己出生在格林纳达。

就在这时，“迎风号”被巨浪高高抬起，随后猛然向下坠入波谷，重重地撞击在水面上，发出震耳欲聋的响声。几名妇女惊恐地尖叫起来。

“天哪！”一位女士惊呼道，“这船就像在海里下坡一样！”

“哎哟哟！”另一名妇女喊道，“基克姆珍妮不是已经休眠了吗？我受够了这折腾人的海浪！”

人们常常误以为，加勒比海唯一的海底火山“基克姆珍妮”①（位于目前“迎风号”以东约8公里处）是导致格林纳达与卡里亚库之间海浪汹涌的原因。

丹尼尔听到一阵干呕声，紧接着，一股呕吐物重重地溅在船舱前部的木质甲板上，声音清晰可辨，仿佛有人突然拧开水龙头，任其哗啦流淌了五秒钟。刺鼻的气味迅速弥漫在闷热的船舱中，空气中充满着未消化食物的酸腐味道，不少人闻后不禁作呕，顿时引发连锁反应。丹尼尔终于撑不住了，他从长椅上猛地向前倾去，胃里翻江倒海，呕吐不止。他惊讶地发现，四小时前

① Kick'em Jenny：基克姆珍妮是加勒比海海底一处活火山的名称，位于格林纳达以北8公里处。

吃下的咸鱼此刻竟然还能辨认得出。伊莱贾递给他一瓶水，让他漱口。

“表哥，你怎么一点事都没有？”丹尼尔喘着粗气问道。

伊莱贾半开玩笑地笑了笑，说道：“你说呢，表弟？我可是卡里亚库岛民，大海才不会让我晕船！”

丹尼尔狐疑地看了看表哥，又朝船舱另一侧那些呕吐不止的女士们点了点头，问道：

“那她们不是卡里亚库岛民？”

伊莱贾认出那些女士是希尔斯堡的市场小贩，耸了耸肩，说道：

“哎呀！拜托，她们已经老了。”

丹尼尔摇了摇头，只想尽快稳住身体。他的胃里翻江倒海，呕吐的恶臭混杂着船引擎的浓烟，让他更加难受。他把头埋在膝盖上，希望能在接下来的航程中睡一会儿，以缓解不适。

“丹尼尔，我要到船头外面去。”伊莱贾说道。他站起身，开始脱衣服。

丹尼尔抬起头，皱起眉头，疑惑地看着表哥。他环顾四周，发现船舱里还有两个年轻人也脱到只剩内裤。他们脸上带着胜利者的笑容，朝敞开的甲板走去。伊莱贾紧随其后，跟着他们一起离开了船舱。

船依旧剧烈颠簸，柴油发动机的轰鸣声与迎风鼓起的船帆交织在一起，推动着它以大约每小时 27 公里的速度缓慢驶向卡里亚库岛。丹尼尔听到船头传来阵阵欢呼和尖叫，但他此刻实在无力凑热闹，仍然紧紧坐在原位。海上的“过山车”折磨着他的胃。一名乘客点燃了一支烟，白色烟雾缓缓升腾，弥漫在船舱内。丹尼尔皱了皱眉，浓烈的烟味让他更加难受。船舱里不时传来干呕和呕吐的声音，空气中弥漫着呕吐物的酸臭味。他试图忍住不适，但最终还是向前倾身，双手紧紧捂住胃部，脸色扭曲，干呕起来。然而，他的胃已经空了，什么也吐不出来。“迎风号”的船身依然摇晃、偏航，风在甲板外呼啸。渐渐地，眩晕与疲惫交织在一起，他的意识开始模糊。头缓缓垂落在膝盖上，双手交叉抱在胸前，终于沉沉睡去。

七个小时后，丹尼尔被表哥用力摇醒。他迷迷糊糊地抬起头，看见伊莱贾满是水珠的卷发。

“表弟，我们到家了。”伊莱贾说道。

丹尼尔眨了眨眼，仍然一脸困惑。

“到家了？”

伊莱贾翻了个白眼，无奈地说道：“亲爱的表弟，我们到卡里亚库岛了！”

丹尼尔轻轻笑了一声，心里嘀咕着：卡里亚库岛可不是我的家。当他意识到船已驶入平静的水域，不再颠簸时，不禁长舒了一口气。此时，他们正处于格林纳达最大附属岛——卡里亚库岛的背风一侧。

男孩们走到露天甲板，眺望着岛屿的美景，远方的希尔斯堡码头仿佛在静静地迎接他们。丹尼尔一边深呼吸，一边欣赏着右舷方向卡里亚库岛棕黄色的地貌。他又转头看向左舷，几艘游艇停泊在一座白色的小沙岛旁，那片洁白的沙滩让他不禁微微一笑。“那座小岛看起来不错。”他心想。这个来自格林纳达的少年脚步踉跄地走下木质码头，而他的表哥则在一旁大笑，取笑他走路不稳的模样。

“让我坐一会儿。”丹尼尔指了指他们站立的主街旁的一堵矮墙，示意想要休息一下。他对小镇的缓慢节奏感到惊讶。在希尔斯堡休息的十五分钟里，六头驴子驮着骑手悠然经过，而从他们身边驶过的车辆却只有五辆。一辆绿色卡车轰隆隆地沿着街道驶过，车上载着人民革命军①的武装士兵。

“这里有这么多人民革命军？”丹尼尔用下巴指了指刚刚拐过街角、消失在视线中的绿色俄罗斯卡车，疑惑地问道。“那些车都去哪儿了？”在他看来，就连格林纳达本岛上的大安斯②都比希尔斯堡热闹许多。

“我也不确定这里到底有多少人民革命军。”伊莱贾耸了耸

---

① 人民革命军（*People's Revolutionary Army*）：是 1979 年至 1983 年新宝石运动执政时期格林纳达的武装力量。人民革命民兵是它的预备役部队。1981 年至 1983 年，人民革命军、人民革命民兵、格林纳达警察和海岸警卫队统称为“人民革命武装力量”。1983 年，美国入侵格林纳达，推翻人民革命政府，该部队随之瓦解。

② 大安斯（*Grand Anse*），位于格林纳达本岛的西南部，靠近首都圣乔治（St. George's），是该国最重要的旅游区之一，拥有繁华的商业区和著名的海滩。

肩，随即转头看向丹尼尔，“等等，你上次来卡里亚库岛是什么时候？1977年？”

丹尼尔掰着手指算了算，点头道：“是的。”

伊莱贾笑了起来。“那就对了，从那以后，这里真的有了很大的变化。”

丹尼尔不以为然地轻哼了一声，“我只觉得这里死气沉沉的。我们到博格斯能做什么？我倒是想吃很多李子。”

伊莱贾看着他的表弟，忍不住大笑，“博格斯可不只是有李子吃！那里才是卡里亚库岛最棒的地方，亲爱的表弟！”

“好吧，亲爱的表哥”，丹尼尔学着他的语气调侃道，“那我们是坐公交去博格斯，还是怎么去？”

“公交？”伊莱贾笑得更大声了，“你想什么呢，我们当然是走路去！”

丹尼尔皱起眉头，看了看自己的双腿——还在因刚才的晕船而微微发颤。他不确定自己是否能背着大包走到伊莱贾位于卡里亚库西海岸的家。

“别担心，表弟，”伊莱贾看出了他的顾虑，拍了拍他的肩膀，“我们肯定能搭顺风车回去。”

“好吧，‘先知’伊莱贾。”丹尼尔故意拉长声音，调皮地笑了笑。

十分钟后，两人已经坐在西里尔先生那辆老旧的路虎后座上，沿着西海岸公路疾驰前进，朝着博格斯驶去。一路上，车轮不断颠簸着穿过坑坑洼洼的土路，扬起滚滚尘土。

第二章

博格斯小镇

丹尼尔和伊莱贾在日落前抵达了这座静谧的海滨小镇。这里的宁静让来自格林纳达的丹尼尔感到意外，甚至有些不安——连一丝风都没有。色彩各异的木板房高高地架在木柱或水泥柱上，芒果树上挂满了青涩和熟透的果实，而棕色的山坡上点缀着李子树，树枝间垂挂着绿色、紫色或红色的果实。

丹尼尔咧嘴一笑，调皮地说道："我太有口福了，我来得正是时候。李子们可得小心了，哈哈！"

两人沿着马路朝东走去，他们的步伐有些僵硬。两人时不时地揉着屁股，显然是长途颠簸后仍未恢复过来。丹尼尔回头瞥了一眼马路，目光落在停泊在近海的一艘船上，眉头微微一挑，心想："海洋近在咫尺。"

他们沿着几条蜿蜒的小路，超近路地向伊莱贾的家走去。丹尼尔紧跟在个头比他高的表哥身后。沿途院子里的狗尽管对他们狂吠不止，却始终没有踏出围栏，似乎早已习惯了这条可以供人通行的近路。

"谢丽尔阿姨！①"伊莱贾大声喊道，他们正路过一栋红色木

---

① 原文为 Cou'n Cheryl。Cou'n 表示表姐妹或者阿姨。把 Cou'n 放在名字前表示尊重。根据文中第九章对谢丽尔的描写，这里翻译成"阿姨"更恰当。

瓦房，房子后方是一道近两米高的木薯树篱笆，在微风中轻轻摇曳。

屋内传来一位女士高亢的声音：

"哎！伊莱沙，你要去哪？"

伊莱贾停下脚步，丹尼尔放下肩上的大包，但仍牢牢抓着一个装有物品的塑料袋。

"我不是伊莱沙，谢丽尔阿姨！我是伊莱贾！"

"啊！你们要不要进来？"

屋内传来椅子在木地板上拖动的刺耳声，接着是一阵急促的脚步声。不一会儿，一位裹着头巾的老太太从敞开的窗户探出头来，仔细打量着两个男孩。

"你怎么长这么高了！咦，那是谁？"她用手指向丹尼尔。

丹尼尔努力适应她浓重的卡里亚库口音。她的话语紧凑，每个单词都像连在一起似的，而每句话的最后一个词又拖得很长，仿佛是一首歌的尾音。

"晚上好，谢丽尔阿姨。"丹尼尔略显局促地打了个招呼。

"这是我从格林纳达来的表弟。"伊莱贾介绍道，"他管我妈妈叫姨妈。"

"哎呀，你这孩子真是傻得可爱！"谢丽尔阿姨咯咯笑了起来，"谁都管你妈叫'姨妈'。"

伊莱贾低头盯着自己的鞋子，嘟囔道："他妈妈和我妈妈是亲姐妹。"

谢丽尔阿姨上下打量着丹尼尔，停顿了几秒钟，突然问道："你是韦罗家的孩子？"

"是的，谢丽尔阿姨。"

"你叫什么名字？"

丹尼尔差点笑出声来，但还是忍住了。

"丹尼尔，谢丽尔阿姨。"

"好吧，孩子，在博格斯，我们都是一家人。所以你也是我的家人。如果你想要李子、芒果，或者别的什么，随时过来拿。"她指了指房子周围枝繁叶茂的果树。

丹尼尔笑得灿烂无比："谢谢谢丽尔阿姨！"

"那你在格林纳达上的哪所学校？"

"男子中学。"

"什么学校？"

"格林纳达男子中学。"丹尼尔解释道，"我们是同一所学校的。"

"不错，不错。"她点了点头，满意地说道，"好啦，孩子们，我们以后肯定还能见。"

"好的，谢丽尔阿姨。天黑前我们得回家了。"伊莱贾接话道，丹尼尔听了这话，心里松了口气。

谢丽尔阿姨挥了挥手，示意他们继续上路。

"表哥，你为什么叫你妈妈'姨妈'？"

伊莱贾被这个问题问得一愣，皱起眉头想了想，耸耸肩道：

“我也不知道，反正从小就这么叫她。”

“可你是你妈妈的孩子啊？”

“是啊，但我也就跟着大家一起叫了。”

丹尼尔轻轻哼了一声，没有再多说什么。

一分钟后，男孩们穿过高高的木薯树丛，踏入彼得斯[①]家宽敞的前院。一只棕色的土狗立刻对他们发出敌意的吠叫，紧接着，一只白色的小狗从房子底下窜出来，加入了这场狗吠大合唱。

伊莱贾的母亲和弟弟闻声赶紧出来，热情地迎接客人。

“布朗尼，住嘴！”姨妈抓起一块石头朝那只大狗扔去，狗吠声戛然而止，棕色土狗夹着尾巴逃开了。“小白，别叫了！”小狗原本气势汹汹地冲向男孩们，结果刚靠近，叫声立刻变成呜咽，尾巴摇得像个小风车。

丹尼尔的姨妈弯腰给了他一个结结实实的拥抱，然后在他脸颊上狠狠亲了一口。丹尼尔趁她不注意，偷偷擦掉了脸上的口水。伊莱沙咧着嘴，几乎把哥哥勒得喘不过气，两兄弟紧紧拥抱，十个月的年龄差丝毫不影响他们的亲密。他们击掌庆祝，笑声爽朗。然后，伊莱沙转向丹尼尔，丹尼尔本想握手，结果伊莱沙直接抬起手——“啪！啪！啪！”三下结结实实的拍打落在他的手掌上，打得他手心生疼。他还没来得及收回手，又挨了一

① 这里指丹尼尔表哥，伊莱贾家。

轮。“啪！啪！啪！”丹尼尔忍着眼泪，努力挤出一个笑容。

“你小子，我都记不清上次见你是什么时候了。”伊莱沙笑着说，“你长高了，丹尼尔！欢迎到我家！”

“谢谢！”丹尼尔和伊莱沙回应道。当他抬头看着比自己高大的伊莱沙时，心里暗暗发誓，以后一定要多喝牛奶——尽管他一点也不喜欢喝牛奶。

这时，彼得斯家最小的孩子鲁西出现在门口。

“哥哥！丹尼尔！你还记得我吗？”

“鲁西！”伊莱贾惊讶地叫道，“你都长这么大了，哇！”

鲁西咯咯笑着，脸上的酒窝若隐若现。她兴奋地跳下门前的台阶，扑进哥哥怀里。

“你都去格林纳达四年了，我早就说你该回来了！”

丹尼尔冲她笑了笑，“鲁西，你怎么样啊？”

“唉呀！你怎么这么像个美国佬？”小姑娘皱着眉，盯着他的《星球大战》T恤和发型，“而且你看起来有点像比利·迪·威廉姆斯①。”

丹尼尔愣了一下，疑惑地笑了笑。

院子里充满了兴奋的交谈声，每个人似乎都在同时说话。丹尼尔敬畏地环顾四周，被这片果树繁茂的庭院深深吸引。李

---

① 比利·迪·威廉姆斯(Billy Dee Williams)：美国男演员、艺术家、歌手和作家。较著名的是从1980年起在科幻电影系列《星球大战》中饰演蓝多·卡利森一角。

子树随处可见，枝头挂满了沉甸甸的果实，让他欣喜不已。厨房后面的小胶合板棚后，鳄梨树的树冠高高探出。柑橘树的枝丫低垂，几乎擦到厨房的屋顶。他猜测那可能是柠檬树或塞维利亚橙[①]树。几棵香蕉树则静静地站立在未上漆的主屋旁。

丹尼尔抬头望向小山坡上的姨妈家，发现有人正远远地观察着院子里的热闹情景。他知道，接下来的两周里，他将在这个没有电和自来水的博格斯小镇度过，而且还正值旱季。他轻轻叹了口气。不过，好在这里有数不尽的李子可吃！

“伊莱贾！丹尼尔！你们到啦？”一个低沉的嗓音打断了他们的谈话。男孩们循声望去，只见姨父的脑袋和肩膀从木薯篱笆上方探了出来。伊莱贾的父亲刚踏进院子，便与刚到的孩子们热情地握手。

“海上旅程怎么样，孩子们？”

丹尼尔努力去听姨夫的话，心里不禁纳闷，为什么大多数卡里亚库人说话都这么快？

“有点波涛汹涌。”

伊莱贾笑着反驳，“我可没觉得！”

丹尼尔瞥了表哥一眼，无奈地摇摇头，“哼，我倒觉得自己像是被人丢来丢去。”

“是的，你们在海上漂了一整天，”姨妈笑着说，“来吃点东西

① 塞维利亚橙：Gospo 是塞维利亚橙或酸橙的当地名称。

吧，厨房里有米饭和鱼。”

听到“米饭和鱼”这几个字，丹尼尔立刻把晕船的不适抛到九霄云外，嘴角不自觉地泛起口水。他和伊莱贾跟着姨妈朝厨房走去，而伊莱沙和姨夫则帮忙搬运行李。

“妈妈，厨房盖得不错啊。”伊莱贾一边环顾四周，一边伸手敲了敲胶合板墙壁。他母亲点燃了一盏灯笼，他则望向父亲正在升起的炊火。空气中弥漫着木柴燃烧的香气，让人倍感温暖。

“是啊，去年你爸爸和伊莱沙修的。”

几分钟后，丹尼尔和伊莱贾端着餐盘和一罐果浆汁走进主屋。伊莱贾径直坐在前台阶上，丹尼尔则在大厅的木桌旁落座。放下搪瓷餐盘后，他不由得欣赏起桌上那块印着花卉图案的粉色塑料桌布。

姨夫拎着一盏煤油灯走进来，将它放在桌上，温暖的光芒瞬间洒满屋内的四个房间。丹尼尔目光落在灯罩上，上面刻着“甜蜜的家”几个字，他微微一笑——他妈妈也有一盏一模一样的灯。他的目光又转向木柜，里面摆满了精美的玻璃杯和瓷器。他确信，和自己妈妈一样，姨妈也只会在有重要客人来访时才使用这些餐具。

就在丹尼尔准备舀起第一口米饭时，一阵突如其来的巨大声响打破了夜晚的宁静。丹尼尔顿时愣住了，汗水瞬间从额头渗出。

“哈哈，那是鸡声。鸡正在找地方睡觉呢。”伊莱沙笑着解释。

丹尼尔皱起眉头，疑惑地朝外张望，只见几只母鸡正试图在李子树低矮的枝丫上安顿下来。

晚饭后，全家人围坐在一起，热情地向丹尼尔询问他在格林纳达的家庭和生活情况。他们还问了伊莱贾在格林纳达读中学的经历。伊莱沙尤其对自己的学校——卡里亚库主教中学[①]和格林纳达男子中学之间的区别表现出浓厚的兴趣。

“哇!”伊莱沙听完哥哥的描述，不禁惊叹，“你的学校可真大！哎呀，我发现格林纳达的一切都特别庞大。”

姨妈随后对丹尼尔讲了他的住宿安排——他将和伊莱贾、伊莱沙共用一个房间，而鲁西仍像往常一样与她同住。至于姨夫的房间，除了姨妈自己，其他人一律不得进入。

“丹尼尔，你知道我们睡地板的，对吧?”伊莱沙提醒道。

“没问题。”丹尼尔嘴上这么说，心里却有些犹豫。他想着，估计得睡在用旧衣服铺成的床垫上，顶多盖一条薄薄的床单……希望至少能有个枕头吧。

然而，疲惫的孩子们刚一沾床，便立刻沉入了梦乡。

---

① 卡里亚库主教中学(Bishop's College, Carriacou)。它是一所政府资助的中等教育学校，是卡里亚库岛主要的教育机构之一。

第三章 集体打水

丹尼尔被村里此起彼伏的公鸡啼鸣声吵醒。就在他迷迷糊糊地听着这晨间“合唱”时，姨妈房间方向突然传来一声巨响，吓得他心脏差点跳到嗓子眼。几秒钟后，他听到轻微的水声，接着是一个搪瓷桶砸在木地板上的闷响。他盯着头顶的镀锌屋顶发呆，大概过了二十分钟，才僵硬地坐起身。这时，其他男孩也陆续醒来，互相嘟囔着道了声早安，然后排着队走到屋外方便。丹尼尔穿过李子树，来到一座高大、有顶的建筑前。那建筑的外墙由生锈的铁皮板拼成，显得有些破旧。上厕所——这大概是他在卡里亚库岛上最不愿面对的事。他屏住呼吸，试图只用嘴巴换气，以减少鼻腔受到的“冲击”。在心里，他暗暗发誓，绝对不会一天上两次厕所。也许……他可以坚持两天才去一次。

丹尼尔和其他孩子围坐在大厅的桌子旁，享用早餐——面包、炸玉米饼，以及几杯热腾腾的麦片粥。这些食物早已摆好，等待着他们动手。姨夫则坐在台阶上，端着一个大而闪亮的平底杯，悠闲地喝着鼠尾草茶。丹尼尔盯着姨夫手中的杯子，心想：要是家里也有这么大的杯子来装可可茶就好了！那平底杯看起来就像是用一个小巧的克林锡罐制成的，粗犷又实用。

“孩子们，希望你们昨晚睡得好啊。”姨夫开口说道，声音低沉而缓慢，“嗯，快把我的鱼锅拿出来。”

丹尼尔下意识地瞥了一眼自己的电子表，眉毛微微扬起。天还没到七点呢。

“是的，姨夫，我睡得很好。”他笑了笑，试图忽略后背隐隐的酸痛。

“那就好，那就好。”姨夫点点头，继续说道，“改天，你得跟我一起去捕鱼。”

“嗯……好的，姨父。”丹尼尔嘴上答应着，心里却希望姨夫能忘了这回事。

这时，姨妈走进大厅，笑着向孩子们道早安，关心地询问丹尼尔在博格斯的第一个夜晚过得如何。随后，她开始安排大家当天的活动。

“你们要去西蒙先生家打水，每人带上两个桶。”姨妈吩咐道，“鲁西，你拿两个水瓶。大家都得去挑水，我和鲁西去耶利米先生那边。”

“别忘了把羊拴好。”姨夫提醒道。

“知道了，爸爸。”伊莱沙答应着。

丹尼尔疑惑地问：“为什么别人家有水，而你们家没有？”

“因为他们有蓄水池。”伊莱沙解释道，“而且，耶利米先生家有三个呢，所以很多人都会去他那里打水。”

姨妈叹了口气，说道：“今年的旱季太难熬了。从十二月开始就一滴雨都没下。现在，西蒙先生和耶利米先生也不给我们水了，所以我们只能去普罗斯佩克特[1]。”

鲁西咕噜咕噜地喝着茶，声音大得让人皱眉。

“鲁西，别发出那么大声音！”

“好的，妈妈。”女孩连忙点头，先是快速地吹了吹热茶，然后才小心翼翼地啜饮起来。

姨妈微笑着看着侄子：“丹尼尔，我们希望你能尽情享受这段时光。周六，我们要为你姨夫的哥哥立墓碑，所以会在这里举行石头盛宴。复活节星期一，菲莉西亚姨妈家的温迪要结婚，他们邀请我们去参加婚礼。”

丹尼尔差点抑制不住自己的兴奋。卡里亚库人热爱庆祝活动。也许这次能让他那瘦削的身材长点肌肉。他甚至幻想着自己成为班上最强壮的男生。毕竟，茉莉和米歇尔似乎比所有男孩都要壮。但转念一想，那两个女孩可能只是长胖了，而不是真的结实。

“温迪？要结婚了？”伊莱贾难以置信地瞪大眼睛，“谁娶她？”

姨妈笑着说：“埃斯特尔小镇[2]上，卡思伯特家的多米尼克啊。”

“那个老头？”伊莱贾震惊不已，“不过，最重要的是——有得吃！”

---

① 普罗斯佩克特(Prospect)。这里指地名。它在加勒比地区，是多个社区、村庄或小镇的常见地名。

② 埃斯特尔小镇(*L'Esterre*)：格林纳达卡里亚库岛小镇名。

“哈哈，信不信，回来的时候，咱们的肚子肯定都撑大了！”丹尼尔笑着说。

鲁西听了，忍不住大笑起来：“人家还以为你们怀孕了呢！”

“啪！”一声清脆的拍击声在木屋里回荡——姨妈的手结结实实地落在了女儿的背上。

“你听谁说的这些话？”

“没人，妈妈……”鲁西带着泪光低声说。妈妈狠狠地瞪了她几秒钟。

男孩们赶紧喝完剩下的茶，然后端着碗碟走向厨房。后屋的火炉旁，一个烧得发黑的铁锅正咕嘟咕嘟地冒着泡，空气中弥漫着煮熟的木豆香气。丹尼尔心想，一会儿就能喝到木豆汤了。

“兄弟们，咱们去打水吧。”伊莱沙招呼道。

每个男孩都拎起两个四加仑的水桶。伊莱贾瞥了眼表弟，挑了挑眉：“丹尼尔，你确定自己能拎得动？”

丹尼尔一愣，随即反驳道：“你在开什么玩笑？”

伊莱贾和伊莱沙对视一眼，忍不住笑了。他们一起朝大路走去，准备步行前往希尔斯堡取水。烈日已经无情地炙烤着整个村庄，空气中浮动着一丝干燥的热浪。

“所以说，博格斯这里没有自来水管？”丹尼尔一边走，一边环顾四周。

伊莱沙笑了：“水管？你是说自来水？”

“你以为这里是希尔斯堡？”伊莱贾插嘴道，“镇上大概就两处能接上水。”

“那河流呢?”丹尼尔又问。

“傻瓜,这里可不是格林纳达。”伊莱贾摇摇头,“附近倒是有几个池塘,但早就快干了。”

丹尼尔轻哼了一声。他注意到几头牛正在干草地里低头啃食,看起来骨瘦如柴,肋骨根根分明。他以前从没见过这么瘦的牛。

大约二十分钟后,他们终于抵达了西蒙先生的家门口。

“早上好,西蒙先生!”伊莱贾大声打招呼,同时伸手擦了擦额头上的汗珠。

一个身材矮小、留着胡须的男人出现在白色砖房的阳台上。他穿着一件白色衬衫外套,搭配蓝色休闲裤和一双擦得锃亮的黑色皮鞋,眉头微微皱起,目光扫视着站在院子里的男孩们。

“早上好,小伙子们。有什么事吗?”

“我妈妈让我们来问您,能不能借点水?”伊莱沙尽量礼貌地说道。

丹尼尔低头盯着自己的拖鞋,假装对脚下的地面很感兴趣,而伊莱贾则突然开始专注地观察附近芒果树上的鸟儿。

西蒙先生嘴角微微上扬,露出一丝笑意。“那你们打算什么时候还水?”

伊莱沙喉咙一紧,咽了口口水,正琢磨着如何回答时,西蒙先生已经抬手示意:“我逗你们玩呢,彼得斯家的孩子们。进来吧，到蓄水池打水吧。”

伊莱沙低头看了看自己的脚，忽然看到自己没穿袜子。他皱了皱眉，不明白西蒙先生刚才是不是在暗示什么。

男孩们埋头打水，很快就装满了五个桶。正当他们准备提起桶离开时，西蒙先生不知何时已站在丹尼尔身旁，他们甚至没听到他的脚步声。

“伊莱贾，学校生活怎么样？”

“还不错，先生。这是我中学四年级的最后一个学期。”①

“很好。”西蒙先生点点头，接着目光转向丹尼尔，“这是谁？”

“我叫丹尼尔·安托万，先生，我来自格林纳达。”

“嗯，你长得跟伊莱贾和伊莱沙很像，你们是亲戚？”

丹尼尔肯定地点了点头，同时心里纳闷，为什么西蒙先生说话的方式和博格斯小镇的其他人不太一样。

“所以，你是韦罗家的男孩。”西蒙先生笃定地说。“你也是格林纳达男子中学的学生？”

“是的，先生！”

西蒙先生转向伊莱沙，语气略带一丝威严：“孩子，明天早上

---

① 格林纳达的中等教育共分为五个年级（Form 1 至 Form 5），对应于 7 至 11 年级。学生在前三年（Form 1 至 Form 3）学习所有科目，之后可以选择四门或者更多的科目进行深入学习。课程内容包括普通学科和技术学科，旨在为学生提供全面的教育基础。在 Form 4 阶段，学生开始专注于准备加勒比中学教育证书 CSEC（Caribbean Secondary Education Certificate）考试，这是它们中学教育的重要里程碑。

九点准时来学校上英语课。你可不能缺席我的课。”

“好的，先生！”伊莱沙赶紧答应道。

“孩子们，你们知道吗？我也上过格林纳达男子中学，那是1962年到1969年。”他自豪地笑了，回忆起往昔的岁月。“最后两年我住在学校宿舍，为获得普通教育高级程度证书[①]考试做准备。和我一样的，来自卡里亚库、圣帕特里克和圣安德鲁的男孩们，通常都会在准备考试期间住校。”

此时，西蒙先生的话成功吸引了男孩们的注意力。

“八年前，在我成为主教中学校长之前，我曾是格林纳达男子中学的教师，”他继续说道，“你们一定要珍惜自己的中学教育，它能带你们走得更远。现在，你们甚至可以通过奖学金去古巴学习医学或工程。”

接下来的几分钟里，西蒙先生继续向男孩们分享人生经验，直到他们告别，踏上归途。一路上，几个男孩都在默默思考这位教育家所说的话。丹尼尔则暗下决心，等自己到了能长出胡子的年纪就一定要蓄起来。

回到博格斯时，他们正好遇见了姨妈和鲁西。两人正从主路转入一条小路。丹尼尔抬头看着高挑的姨妈，只见她头顶着

---

① 普通教育高级程度证书(A-level)是学生完成12—13年级的两年制大学预科的学业后，所取得的由英国或英国海外属地教育部颁发的普通中等教育文凭，在修读完中等教育普通证书之后参加，供16—19岁的学生修读，通常为期两年。A-Level在1951年首次推出，用以取代以前的高等中学毕业会考。

一桶水，右手提着另一桶，左手还拿着一瓶水，步伐稳健地走着。

“啊！我妈妈也是这么做的！”丹尼尔感叹道，“我试了好多次，就是没办法把水桶稳稳地顶在头上。”

“对的，不是只有你一个人不会！”伊莱沙笑着说，“但你看看鲁西，她真厉害！”

鲁西头顶着一个装满水的水瓶，步伐稳健地前行，让男孩们目瞪口呆。她没有回头，只是斜着眼瞥了他们一眼，嘴角扬起一抹得意的笑容。

“你们可别告诉我，现在就累了！”她大声喊道。

他们排成一列，沿着小路返回家，把水倒进房子后面那个巨大的空油桶里。随后，大家围坐在一起，用搪瓷碗盛着木豆汤，一边吃一边聊起与西蒙先生的相遇。姨妈和伊莱沙往汤里撒了些法林，让这顿饭更美味了。汤里本就有红薯、饺子、无花果、山药，还有一小块咸牛肉。丹尼尔礼貌地拒绝了这种白色、粉状、颗粒粗糙的木薯制品。

“我更喜欢直接吃法林，但要加点糖。”他说。

这时，一个女孩的声音从外面传来。

“下午好，姨妈！”

姨妈走到门口。

“下午好，多拉。”

“妈妈让我给您送点吃的。”

多拉递过一个绿色搪瓷大碗，姨妈接过后笑着说道：“替我谢谢你妈妈。这个拿回去给她。”她把一碗木豆汤递给多拉。

丹尼尔饶有兴趣地观察着她们的交流。

姨妈打开绿色的碗，轻轻吹了声口哨。

“沙！这是你最喜欢的！库库豆[①]！”

伊莱沙咧嘴大笑，丹尼尔则盯着碗里满满的豆子，好奇地皱起眉头。

“这些豆子怎么这么油？”他问道。

姨妈低头仔细看了一眼，随即笑了起来。

“真的是！”她惊呼道，“他们把豌豆、豆角、秋葵、豇豆、甜菜根混在一起，还撒上了干罗望子，我得留点给你们爸爸尝尝。”

她舀了一勺递给丹尼尔。

“尝尝吧，丹尼尔。”

丹尼尔小心翼翼地咀嚼着，缓缓咽下去后，嘴角不由自主地上扬。伊莱沙和他哥哥兴奋地击掌庆祝。

“丹尼尔，我们终于把你变成真正的卡里亚库岛民了！”伊莱沙宣布道。

屋里顿时笑声四起。

“等等！”丹尼尔突然问道，“你们都不放风筝吗？”

“你在说什么呢？我们当然要放风筝哦！”伊莱沙回答道。

---

① 原文为 Coucou-pois。Coucou-pois 或者 coucou 为当地俚语，不是英语。因此本文按照发音翻译为“库库豆”。

“可我怎么没看到天上有风筝?”

“大家一般都会在复活节周末放。”

“你带风筝了吗?”

“等等——不会吧!”伊莱贾突然插话,“你那个塑料袋里装的……是风筝?”

丹尼尔神秘地笑了。“当然啦,那就是我的风筝!我可早就准备好了。”

“我也准备好了,”伊莱沙得意地说,“我的风筝马上就能派上用场。”

“星期天就可以放风筝喽。”姨妈说道。

“我们去玛丽山放!”伊莱沙指着东南方向的一座山丘,说道“那里可以俯瞰整个村庄呢。”

丹尼尔满脸笑容。从四岁起,他就从未错过任何一次放风筝的机会。

第四章 公路上的板球赛

两个小时后，两个男孩沿着小路飞奔，冲向路。他们身后，姨妈家后面的山坡上传来一阵急促的脚步声。

“沙，贾，我们去打板球吧！”一个男孩边跑边喊。声音在冲过彼得斯家那片木薯篱笆时渐渐远去。

伊莱沙几乎是瞬间就从屋里冲了出来，大声招呼哥哥和丹尼尔一起加入。丹尼尔和伊莱贾立刻跟了上去，光着脚踩在坚硬干燥的土地上，发出清脆的啪嗒声。此刻，丹尼尔心里充满了一种奇妙的感觉——他仿佛真的成了一个地地道道的卡里亚库人，一个正宗的博格斯男孩。

午后，一场热闹非凡的公路板球比赛吸引了许多围观者。人们或坐在台阶上，或靠在灯柱和墙壁边观看比赛。大多数男孩都梦想成为西印度群岛传奇击球手维夫·理查兹[1]。然而，丹尼尔却更喜欢模仿那位技艺超群的快速投球手——安迪·罗伯茨。作为格林纳达男子中学少年板球队的一员，丹尼尔凭借精准的投球技巧，让博格斯的男孩们大吃一惊。他的球六次穿

---

① 维夫·理查兹(Viv Richards)，全名为 Sir Isaac Vivian Alexander Richards，是来自安提瓜和巴布达的著名西印度群岛板球运动员，被广泛认为是板球史上最具统治力的击球手之一，被授予英国爵士勋章(Sir)。在他的领导下，西印度群岛队在世界板球中处于主导地位。

过击球手的防守，击中了他们的木制汽水箱。

“这小子是马尔科姆·马歇尔！”人群中有人高声叫道。

丹尼尔皱起眉头，鼻翼微微翕动，不满地瞪着那个说话的人，低声嘟囔着：“安迪·罗伯茨。”

“哎呀，那可是我外甥！”忽然，丹尼尔听到有人骄傲地夸赞道。他顺着那低沉的嗓音望去，发现姨夫正笑眯眯地看着他。而就在那一刻，四瓶啤酒被迅速递到了姨夫手边。

“让我来打个球！”一个高高瘦瘦的男人冲进“球场”，大声喊道。“今天我要让他知道，谁才是这里的老大！”

伊莱沙愣了一下，转头看向哥哥。“贾，班布想要欺负丹尼尔。你觉得呢？”

伊莱贾仔细打量着班布，又看了看弟弟，耸了耸肩：“好吧，那就看看谁能赢吧。”

丹尼尔投出了第一球，眼睁睁地看着班布挥棒猛击，球直冲云霄。击球手昂首走到“球场”中央，一只手捶着胸口，另一只手高举球棒，脸上挂着得意的笑容。

站在一旁的姨夫气得直跺脚，怒视着班布。

“班布，你也太爱炫耀了！”丹尼尔的姨夫开口道，“我外甥刚刚才上场呢。”

丹尼尔试图调整投球方式，但班布显然经验丰富，稳稳守住了自己的击球区。他要么用球棒轻巧地将球沿地面击回给丹尼尔，要么干脆将球猛击出去，直接把球送进远处玛格丽特表姐家的院子。围观的人群中，有些人见博格斯队最厉害的击球手在欺负格林纳达来的投球手，不由得兴奋地欢呼起来。

“你这是欺负小孩子啊！”人群里一位女士忍不住朝班布喊道。

丹尼尔气喘吁吁，弯腰双手扶着膝盖，心里充满了挫败感。他怎么也没想到，自己竟会在卡里亚库岛上遭遇这样的尴尬。他的目光落在裸露坚硬的地面上，看着几只蚂蚁匆匆爬过。忽然，他感觉有人轻轻搂住了他的肩膀。伊莱贾凑到他耳边低语了几句。丹尼尔的眼睛一下子睁大了，嘴角不禁浮现出一丝淡淡的微笑。

丹尼尔感觉浑身充满力量，他故意投出一个又短又慢的球。班布猝不及防，本能地抬高球棒，微微向上倾斜球拍的开口，试图保护自己的球门。然而，球在球棒最宽的部分弹起，形成一道高高的弧线。最近的守门员立刻做出反应，伊莱贾迅速向前一步，双手稳稳地接住了那颗球。

刹那间，围观的人群爆发出热烈的欢呼和掌声。男孩们兴奋地围住丹尼尔，纷纷与他击掌、拍背，庆祝这个精彩的反击。而班布则低声骂了一句，脸色阴沉地朝那个幸运接住球的人走去。人群一下子安静下来，所有人屏息凝视。只见班布伸手伸进口袋——

“班布，你也太小气了！”人群里有人喊道，“这孩子赢得光明正大，别为难他！”

丹尼尔下意识地往后退了一步，但班布从口袋里拿出的竟是一枚 25 美分的硬币。他把硬币塞到丹尼尔手里，摇了摇头，随即转身离开，消失在不远处西里尔先生的店里，球棒随手扔在地上。

丹尼尔咧嘴一笑，转身对他的表兄弟们说："等咱们赢了，就用这钱去买雪糕吃！"

"把球棒给丹尼尔吧！"人群中一位女士喊道。

于是，丹尼尔站在小门前，迎接博格斯伙伴们的投球。他连续打出三个六分球[①]，打得又快又远，让伊莱沙感到非常挫败。就在伊莱沙准备重新投球时，地面突然微微震动起来。低沉的隆隆声从东北方向的贝尔维迪尔传来。

"哎，你们快出来！"姨夫在远处大喊，"人民革命军的卡车来了！"

众人赶紧让出道路，一辆绿色的军用卡车缓缓停在西里尔先生的商店前。车门打开，两名士兵跳下车，拖着沉重的军用行李袋。卡车还未驶离，他们便已经与村民们热情地打起了招呼。博格斯已经有三个多月没见到这些士兵了。

丹尼尔目不转睛地看着士兵们与家乡父老相拥重逢，内心充满敬佩。他暗自下定决心，将来也要参军。他想象着自己穿上丛林绿军服、脚蹬黑色军靴、头戴绿色军帽的模样，英姿飒爽，

---

① 六分球（six）。在板球中，六分球是指击球手一击将球直接打出界限，球未落地即越界，这会直接得六分。这是一种非常高水平且具有攻击性的击球方式。

威风凛凛。

“行了行了，哎哟，咱们回去打板球吧！”班布从商店里跑出来，大声嚷嚷，“我来了，我来了！”

丹尼尔叹了口气，重新摆好击球姿势。班布投出一记强力的短球[1]，球飞得又高又快，竟然在丹尼尔头顶上方1.5米处掠过，让他完全够不着。

“班布，好好投球啊！”一个大腹便便的男人在旁边喊道。

班布这次走得更远了，离球门足足有一段距离；丹尼尔还以为他放弃了比赛，准备直接去希尔斯堡。不料，班布突然转身，开始助跑。丹尼尔看着他气势汹汹地冲过来，不由得倒吸一口凉气。班布奋力一掷，试图让球从丹尼尔的球棒下方穿过。丹尼尔反应迅速，右手紧握球棒，向后撤了一步，又向左侧调整站位，为自己争取出足够的空间。他要让班布尝尝自己之前所承受的滋味！

“班布，好好投球啊，这小子！”姨父在一旁喊道，“你扔的那哪是球，简直是石头！”

丹尼尔全力挥棒，球棒与高速旋转的球猛烈撞击，发出震耳欲聋的响声，盖过了姨父的最后一句话。就在这一瞬间，整个场面陷入了混乱！距离不远处的院子里，两个正在围墙后玩跳房

---

① 短球(Bouncer)。短球指的是一种弹跳很高、故意逼近击球手头部的球，用来施压或试图迫使其出错。

子的女孩，被这突如其来的巨响吓得丢下游戏，尖叫着冲进屋里。靠在墙边闲聊的人民革命军士兵们猛地一惊，本能地翻过水泥结构，就像热沥青路上的蜥蜴一样，手脚并用地迅速爬行，躲到了屋前的台阶后。看到这一幕，围观的人们忍不住大笑起来，纷纷嘲弄起那些惊慌失措的士兵们。

“啊，你们这些胆小鬼呦！”来自维拉爱闹事的贝茜朝着士兵们大声奚落，“还说要保护我们不受美国佬的侵害呢？呸！你们自己倒是先吓破了胆！”

球场中央，班布沉默地捡起那颗已经变形的旧球，盯着丹尼尔，摇了摇头，一言不发地转身走进了西里尔先生的商店。

“丹尼尔，你比赛结束了吧？”伊莱沙调侃着。

大约十分钟后，丹尼尔坐在西里尔先生的商店外，一边舔着黄色的雪糕，一边说道：“博格斯可不像我想的那么无聊。”

“我早就跟你说过，博格斯是整个卡里亚库最棒的地方。”伊莱贾得意地说。

“所以，你现在想住在这里了？”伊莱沙揶揄道，“你现在跟我们一样，是个正儿八经的博格斯男孩了。”

丹尼尔挑了挑眉，反问道：“你说什么呢？你疯了吧？”

三个人都哈哈大笑。

“嘘，看，拉斯来了。”伊莱沙压低声音说道。

顺着他的目光望去，一个身穿卡其色衣服、头戴红黄绿相间的编织贝雷帽的男人，晃晃悠悠地朝商店走来，肩上扛着一个音箱。拉斯总是觉得别人背地里在笑他。巨大的磁带播放机里，鲍勃·马利[①]的歌声缓缓流淌而出。男孩们一听到旋律，立刻认出了这首歌。

丹尼尔和伊莱沙几乎是下意识地跟着合唱起来："非洲人啊，解放人民革命军！"，他们一边唱，一边随着音乐的节奏点头摆动。

伊莱贾听得直咳嗽，笑得上气不接下气："啊，你们俩傻了吗？歌词可不是'人民革命军'！"

丹尼尔皱起眉头。这几个月来，他一直都是这么唱的，可他始终不明白，为什么非洲人要去解放人民革命军？

"他说的是'津巴布韦'。"伊莱贾继续说道，接着轻声唱出了正确的歌词："非洲人啊，解放津巴布韦吧。"

"这样听起来确实更有道理。"伊莱沙点点头。

"万岁！"拉斯迈着大步从他们身边经过，声音洪亮地说道。他警惕地扫了一眼男孩们，仿佛在确认他们是不是在嘲笑他。男孩们礼貌地回了一声"万岁！"

这时，一群孩子从旁边走过。每个孩子都兴奋地向丹尼尔打招呼。

"丹尼尔，你看，你现在可是名人了。"伊莱贾故作正式地宣布道。

---

① 鲍勃·马利(Bob Marley)是牙买加著名的雷鬼音乐(Reggae)歌手、词曲创作人和吉他手，被誉为"雷鬼音乐之父"。

第五章 墓碑节的准备工作

男孩们的日常生活几乎一成不变：起床，吃早饭，给羊拴上绳子，挑水，捡柴，吃午饭，洗澡，在路边打板球，吃晚饭，睡觉。有时候，他们还会去房子周围或者谢丽尔阿姨家院子里摘李子。周三和周四，伊莱沙要去学校上英语课。而姨父每次从海边回来后，总会花不少时间去希尔斯堡卖斯卡特芒果。偶尔，男孩们会陪他去普罗斯佩克特的灌木丛采摘水果，然后装进番红花袋里，再让驴驮着这些水果去镇上卖。彼得斯一家邀请亲戚和邻居共度周六的“墓碑节”[①]，这场仪式会持续整整一周。姨妈预计大约有六十人参加，但她的库库豆和歌舞表演却吸引了远至小马提尼克岛的宾客。

重要的时刻终于到了。多亏一只亢奋的公鸡，丹尼尔在日出前被吵醒，猛地从床上坐了起来。他盯着屋顶，心想着自己在卡里亚库岛的这段日子里，究竟还能不能见到一场雨。伊莱沙

---

① 墓碑节(Stone Feast)是加勒比地区格林纳达的卡里亚库岛上非洲裔社区的一种重要传统仪式，这是一种具有深厚文化和宗教意义的丧葬仪式，通常在亲人去世多年后举行，以纪念逝者并为其灵魂安息。通常包括以下几个部分：安放墓碑、祭祀与供奉和大鼓舞。它是卡里亚库岛上独特的文化遗产，体现了非洲传统与加勒比文化的融合。通过这一仪式，社区成员不仅纪念逝者，也加强了彼此之间的联系，传承了丰富的文化传统。墓碑节的准备工作主要包括：屠宰牲畜、烹饪传统菜肴和搭建临时设施。这些准备工作通常由社区成员共同完成，体现了集体合作和对传统的尊重。

曾说，博格斯上一次下雨，还是去年十二月底的事。丹尼尔迷迷糊糊地走出屋外，来到厨房后面的一棵李子树下，解开裤子方便。

正当丹尼尔专注地看着自己的尿液浸湿蚂蚁窝，观察那些小蚂蚁四处逃窜时，一股莫名的危险感袭上心头。他缓缓抬起视线，心跳猛然一滞——就在他头顶1米多高的树枝上，一条黑绿相间的巨蛇正悄然蠕动！他看不见蛇头，但本能告诉他，最好还是赶紧离开。丹尼尔尽量保持冷静，缓缓地往后退，他边退边小便足足过了令人难熬的半分钟他才终于尿完，然后拔腿冲回屋里。

姨妈已经把早餐摆上了大厅的餐桌上。丹尼尔顾不上多说，立刻和其他人一样，狼吞虎咽地吃起椰子蛋糕配咸鱼。他们还喝着热腾腾的格林纳达可可。丹尼尔，伊莱贾和伊莱沙埋头吃饭，而鲁西则喋喋不休地讲个不停。男孩们偶尔“嗯啊”几声，以免鲁西以为她在自言自语。丹尼尔一边享受着美食，一边欣赏着窗外椰子树上洒落的阳光。突然，鲁西猛地发出一声刺耳的尖叫，接着从餐桌上跳了起来，撞翻了椅子，拔腿就往后门跑去，一口气跳下台阶，冲到屋外。男孩们全都惊呆了，嘴巴张得老大。她……不会是因为他们没搭理她就生气了吧？

姨妈走进大厅，鲁西紧紧拽着她裙子的后摆，脸色苍白。

“你们就没看到有东西掉进鲁西的茶里吗？”姨妈皱着眉问。

男孩们面面相觑，一脸疑惑。

“我们正在吃饭呢，”伊莱贾咽下嘴里的食物，“根本没注意到。”

“鲁西，到底是什么掉进去了？”伊莱沙问。

“我不知道。”鲁西皱着脸，回忆着刚才的一幕，“我就看到有什么东西突然掉下来，然后杯子里的茶溅了出来。”

姨妈拿起鲁西的搪瓷杯，领着四个孩子走到屋外。她把半杯可可倒在地上，紧接着，一条蜷缩着的千足虫也滚了出来。

“啊——！”鲁西尖叫一声，猛地往后跳了一步，“是非洲锥虫！妈妈，千万别再用这个杯子喝水了！”

姨妈愣了一下，随即摆摆手，“傻孩子，别胡思乱想！这杯子只要用肥皂、热水加上点漂白剂洗干净，就什么事都没有。”

可鲁西哪里肯听，嚷嚷着坚决不要再用这个“被污染”的杯子。她一直哭闹不休，直到妈妈无奈地答应给她买一个新的，这才破涕为笑。等鲁西高高兴兴地跑回屋里，姨妈这才冲伊莱沙使了个眼色，让他把杯子捡回来。她一边摇头，一边心想：怎么可能把这么好的杯子扔掉呢？

“孩子们，你们准备去打水吧。”丹尼尔的姨妈吩咐道，“先去西蒙先生家，回来后把桶里的水倒掉，然后再去普罗斯佩克特打一趟。”

“你是说我们今天得跑两趟？”伊莱沙不满地嘟囔道。

丹尼尔心里默默盘算着自己在卡里亚库岛度假的剩余天数。

"对啊，还要加油干呢！"姨妈补充道，"我们需要很多水来榨果汁。"

男孩们正准备出发，姨父和几个人提着东西走进院子。其中一人端着一桶鲜鱼去了厨房，其他人则走向院子四周已经燃起的火堆。

伊莱沙一把抓住丹尼尔的手臂说，"等等！快看！"

他们静静地站在一旁，观察着那些人轮流走到火堆旁，将朗姆酒和水倒在地上。每次洒完，他们都会低声呢喃着什么，声音含混不清。

"他们在干什么？"丹尼尔皱起眉头，从未见过这样的仪式。

"他们在向祖先致敬。"伊莱贾低声解释。

"你听到他们念出的名字了吗？"伊莱沙轻轻推了丹尼尔一下，"那些都是已经去世的家人。"

"他们在说英语吗？"丹尼尔忍不住大声问道。

这时，姨妈端着一锅热气腾腾的食物来到火堆旁，注意到男孩们站在那里东张西望。

"啊，你们怎么又偷懒！"她喊道。

"偶尔一次嘛。"伊莱贾笑着耸耸肩，然后冲丹尼尔点了点头，"走吧，我们去打水。"

当他们离开院子时，听到姨夫在身后说道："你们也把朗姆酒带到墓地去喝吧！"

孩子们从西蒙先生家回来时，院子里已经热闹起来，厨师们正忙着生火，炖肉和咖喱肉的香气弥漫在空气中，令人垂涎。丹尼尔深吸了一口气，辨别出猪肉、牛肉、羊肉和鸡肉的香味。早在周五早上，伊莱沙、伊莱贾和姨夫就已经杀好了八只家禽，姨妈则负责为周六的盛宴调味。邻居和亲戚也送来了其他肉类。院子里，鲁西和几个女孩、妇女们正忙着刨椰子，并把椰蓉装进大容器里。

热气腾腾的锅炉和扑鼻的香气仿佛给丹尼尔和他的表兄弟们注入了新的活力，他们赶紧朝普罗斯佩克特取水去。还没走到主路上，他们豆大的汗珠已经从额头滑落。烈日当空，四周的树木静止不动，仿佛雕塑一般。

“我们到普罗斯佩克特后，找谁打水?”丹尼尔用手擦了擦额头上的汗问道。

“有两个来自英国的白人，他们家有一座大房子，面朝大海。”伊莱沙回答，“妈妈每周都会帮他们洗衣服。他们家有四个大蓄水池。”

“你们在这里还真是缺水啊。”丹尼尔感叹道。

他顿了顿，又问:“对了，立碑仪式进展的怎么样了?”

“嗯，牧师特地从希尔斯堡赶来进行安放墓碑的仪式。”伊莱贾说，“那块墓碑是黑色大理石的，非常漂亮，上面还刻着金色的字。”

丹尼尔轻哼了一声，没有再多说什么。

男孩们在烈日下默默前行，直到走进一片树荫，才松了口气。丹尼尔抬头仰望，惊叹于头顶那巨大的树枝。他的目光沿着树干向前移动，落在前方六米远的一棵参天大树上。他认得这棵树——它的树干宽得像姨妈家的厨房一样。三人不约而同地加快脚步，以最快的速度跑过这棵让人毛骨悚然的大树。丹尼尔暗想，以后再走这条路，一定会很刺激。

回到家后，男孩们躲进前院的大帐篷下乘凉。他们倒空水桶，四处寻找最凉爽的地方休息。院子里，几个火堆上冒着热气，锅里煮着各种淀粉类食物。朗达表姐站在鳄梨树下，喘着粗气，手里拿着一把巨大的木桨，在一口大锅里不停翻炒库库豆。她额头上的汗珠不断滴落进锅里。丹尼尔从未见过这么巨大的烹饪容器。他看到鲁西正帮着两位女士制作卷饭，不禁觉得她还挺能干。他想，八岁的鲁西如果坐进这些锅里，恐怕都能舒舒服服地泡个澡。

他喝了几口水，目光在院子里扫视。突然，他猛地停下动作，放下杯子，剧烈地咳嗽了几下，甚至呛出了口水。伊莱贾和伊莱沙被他的反应吓了一跳，顺着他的目光望去——只见院子中央，三只无头的家禽倒在地上，被砍下的头颅就散落在旁边，鲜血四溅，形成一片杂乱的血迹。

伊莱贾拍了拍丹尼尔的背，轻松地说道："别担心，这只是仪式的一部分。"

丹尼尔深吸了一口气。他越来越能体会到，祖先在卡里亚库人的生活中，确实占据着极为重要的地位。

第六章 墓碑节

下午三点半，姨夫和同伴们从博格斯墓地返回。他的妹妹玛格丽特特意从英国赶来，此刻正与他并肩走向家里。姨妈特意为她安排了院子里最阴凉的角落，还给她搬来一把最舒适的椅子。鲁西端着一杯果汁，送到刚刚在朱莉芒果树下坐定的玛格丽特姑妈面前。小女孩缠着这位英国来的姑妈，问了一百个问题，只为听一听正宗的英国口音。丹尼尔认出了那只杯子——白瓷上印着红色花纹，杯沿镶着一圈金边——那可是大厅保险柜里珍藏的杯子。

“鲁西，别缠着姑妈了。”妈妈忍不住说道，“你太吵了。”

“哦，没关系，伊芙琳。”玛格丽特姑妈笑着摆手，“这孩子真是太可爱了，简直让人开心得不得了。”

派对的酒水源源不断，整个院子里洋溢着欢快的气氛。拉斯还没进院子，就已经宣布了自己的到来——鲍勃·马利的音乐伴随着他的脚步，从巷子深处飘然而至。半分钟后，这位拉斯塔法里教徒[1]终于现身——他一身洁白的服饰，脖子上披着一条红、绿、黄三色相间的长围巾。他今晚将担任派对的唱片(DJ)。

---

① 拉斯塔法里教徒(*Rastaman*)：是指信仰拉斯塔法里教的人。

“他们开始上菜了。嘘，别说话！”露西表姐的声音盖过了雷鬼音乐，瞬间吸引了所有人的注意。

在姨夫和玛格丽特姑妈的带领下，人们小心翼翼地将装满食物的容器从锅里端出，摆放到大厅里特意准备的桌子上。因为这些食物是献给祖先的灵魂的，在第二天之前谁都不能动。看到碗里堆满的饺子、米饭和各类肉食，丹尼尔心疼得几乎要哭出来——这么多美食竟然要浪费掉！不过，他倒是不介意把库库豆留给灵魂享用。简短的致辞后，姨夫宣布仪式开始。

丹尼尔和男孩们吃得太多，连着吃了三大份后，几乎迈不开腿。所有宾客都狼吞虎咽，仿佛第二天卡里亚库岛就要闹饥荒似的。一群人围坐在鱼汤锅旁，热烈地享受着美食。丹尼尔尝遍了各种肉类，每一轮都配上一杯果汁。

“表哥，姨妈做的酸橙汁简直是人间极品。”他咂了咂嘴，忍不住感叹，“她到底加了什么神仙配方？”

伊莱贾耸耸肩：“就酸橙和红糖啊。还有香草精。”

“我觉得就是香草精的魔力。”

丹尼尔的目光落在院子前忙着招呼客人的姨妈身上。她穿着一袭白色长裙，气质优雅。但让他疑惑的是，院子里还有另外三位女士穿着一模一样的白色裙子。这是……赶潮流？

男孩们默默吃完最后一口饭，伊莱沙心满意足地解开了裤子的第一颗扣子。

“哈哈哈，沙！你的肚子快撑爆了！”丹尼尔忍不住惊呼。

伊莱沙狡黠地笑了笑，拍了拍自己鼓胀的肚子，满脸得意。

所有男孩都累得筋疲力尽，丹尼尔甚至觉得自己吃得太撑了。他努力不去想今晚上厕所的事，但脑海里还是浮现出那个场景——夜里，他提着灯笼，摸黑穿过李子树，脚下可能蹿过老鼠和虫子。更糟糕的是，房子附近还有一条大蛇潜伏着！而且，晚上往往会有大青蛙四处乱跳，他最不愿意的就是一脚踩在一只肥大的癞蛤蟆上。想到这些，他决定在太阳落山前赶紧去解决，否则就只能憋到明天了。

突然，丹尼尔猛地从地上蹦了起来。

伊莱沙也跟着跳了起来，疑惑地看着他：“怎么了？蚂蚁咬你了？”他说着，还用手背拍了拍屁股。

“这是我最喜欢的音乐！”丹尼尔喊道，原来是拉斯的卡带混音切换到了新歌。

院子里的人纷纷站起来，随着雷鬼音乐那极具感染力的低音节奏摇摆、扭动起来。

“警察和盗贼……在街上……哦耶——”人们随着旋律哼唱，男人和男孩们甚至模仿起歌手的高音。微风将音乐吹向整个村庄，甚至传到了东南方向的樱桃山。

“拉斯，你把音乐放太大声了！”班布对唱片骑师抱怨道。

在这首热门雷鬼歌曲结束后，拉斯又放了一盘索卡音乐磁带，并播放了十分钟。连那些上了年纪的女士们也忍不住站起身，随着基奇纳勋爵（*Lord Kitchener*）[1]的《糖宝宝（Sugar Bum Bum）》的音乐扭动起了腰肢。

接着，一支弦乐队接管了整个派对，欢乐的气氛在村庄里达到了新的高潮。两把吉他、一把班卓琴和一把小提琴的旋律交织在一起，宛如号角般响彻博格斯及周边社区，召唤居民们前往彼得斯的院子共襄盛举。丹尼尔和伊莱贾兴奋地靠近表演区，而伊莱沙却悄悄溜进了屋里。

"贾，你看，我们的表哥戈德温在弹班卓琴！"丹尼尔指着那个留着非洲发型的高个子男人，激动地说道，"他嗨起来了，哈哈！"

戈德温闭着眼睛，沉浸在音乐之中，随着乐队急速弹奏的节奏，他的头也疯狂地甩动起来。微风吹拂着院子，圣灯[2]和普通灯笼的光影在黄昏中跳跃，投射出诡异而迷人的舞动剪影。此刻，院子里的每个人都仿佛变成了跳舞的机器。

"他可是卡里亚库最棒的班卓琴手！"伊莱贾自豪地说道，"听听那声音，多带劲！"

几分钟后，鼓声渐渐取代了弦乐，原本散乱的人群自然而然地围成一个大圈，所有人都面朝内侧。姨夫、谢丽尔阿姨和另外

---

① 原名：阿尔德温·罗伯茨，艺名 Lord Kitchener（或" Kitch "），是一位特立尼达卡里普索歌手。他被誉为"卡里普索的大师"和"战后最伟大的卡里普索歌手"。

② 圣灯（*Masanto Lamp*）：是一种用玻璃啤酒瓶或朗姆酒瓶制成的光源，瓶内装有汽油，瓶口连接一块布。将布浸入汽油中点燃，即可制成照明灯。

两位博格斯的长者手持瓶子，跳进了圆圈的中央。

“他们又要洒酒祭地了。”丹尼尔笃定地说道。

“表弟，你已经越来越懂这套仪式了！”伊莱贾咧嘴一笑，露出满意的表情。

四位长者轮流将朗姆酒和水交替倒在地面上，嘴里喃喃念诵着丹尼尔听不懂的词句。他猜测，他们又在召唤祖先的灵魂。

“妈妈她们要开始跳舞了！”祈祷结束后，伊莱贾低声宣布。

姨妈和另外三位中年妇女赤脚走到院子中央，随着缓慢而深沉的鼓点起舞。丹尼尔惊讶地发现，伊莱沙竟然是三名鼓手之一。他张开双手，稳稳地拍打着山羊皮低音鼓，节奏与其他鼓手完美契合。鲁西和另一个女孩则在既定的节奏中用力摇晃沙球，发出沙沙作响的律动。

“沙在敲布拉鼓。”伊莱贾低声对丹尼尔解释道，“有时候，我也敲切特鼓。”他指了指三人中间那只体积最大的鼓。

姨妈的绿黄相间头巾高高束起，使她显得更加挺拔。一条色彩斑斓、裙摆飘逸的长裙覆盖了她的下身，裙子上绚丽的花纹让丹尼尔联想到格林纳达家门口那簇红、粉、紫交织的三角梅。其他三位舞者也穿着相配的服装，形成一道亮丽的风景。

鼓声渐渐加快，越来越有力。站在鼓手身后的几位女士拍手欢呼，鼓舞着圈中的舞者们。她们时而踱步，时而跳跃，大步前行，动作整齐而富有韵律，持续了好几分钟。精心编排的舞步与激昂的鼓点交相呼应，令丹尼尔目不转睛，完全沉浸其中。

一位歌手率先唱出一句，随后其他歌手齐声应和。他们唱的语言丹尼尔并不熟悉。他默默记下，打算稍后问母亲，卡里亚库人除了英语是否还会讲其他语言。

接着，姨妈走上前，开始独唱。她站在伊莱沙面前，儿子敲击着鼓面，目光紧盯母亲的脚步。低沉的鼓声仿佛自然而然地牵引着她的舞步，形成了一种无形的默契。

"哇！"丹尼尔惊叹道，"太棒了，表哥！"他兴奋地点头，眼睛瞪得大大的，紧盯着姨妈的双脚，看着她踩着伊莱沙的鼓点翩然起舞。

随着姨妈从右脚跃向左脚，裙摆随风飞扬，露出内衬闪亮的红色布料。她时而上身前倾，几乎平行于地面，时而随着布拉鼓的震响瞬间挺立。鼓点愈发激烈，她的臀部和头部也随之快速摆动。当节奏达到高潮，她纤细的身姿旋转了六圈，引得观众们惊呼连连。突然，她腾空跃起，随即蹲落在圈子中央，低头弯腰。下一秒，鼓声戛然而止，全场沸腾，欢呼声、掌声和口哨声此起彼伏。

"太精彩了，这绝对是我见过最震撼的大鼓舞！"丹尼尔喘着粗气，激动地说道。他从未亲眼见过大鼓舞，而姨妈充满活力的舞姿，以及伊莱沙强劲有力的鼓点，令他的心跳至今仍未平复。

"这还只是冰山一角。"伊莱贾笑着说，"你得来参加一年一度的‘栗色音乐节’[1]，那才是真正的盛宴。”

丹尼尔一边喝着汽水，一边反复回味刚才的表演。这个夜晚，他在心里由衷地感谢母亲，让他来到卡里亚库岛度过这个难忘的假期。

---

① 栗色音乐节（*Maroon festival*）：是展示非洲文化传承的传统节日。

第七章 风筝

伊莱沙环顾着前方的男孩们，试图弄清楚队伍为什么走得这么慢。这是一个复活节周日下午，他们一行 11 个男孩排成一列，准备前往玛丽山放风筝。伊莱沙排在第八位，伊莱贾和丹尼尔则紧随其后。所有男孩都将风筝举在头顶上方或扛在肩膀后面，兴奋地向山上进发。

“这些家伙怎么慢吞吞的?”丹尼尔嘀咕道。

“胖小子走在最前面。”伊莱沙低声说。

伊莱贾顿时哼了一声——胖小子是他们的堂兄。对一个 14 岁的孩子来说，他的身材实在是太魁梧了，活像丹尼尔在学校图书馆《体育画报》杂志上看到的美式橄榄球运动员。

“你是说胖小子一路带着我们爬山?”伊莱贾夸张地喊道，“难怪我们还没到山顶！明明从马维林表姐家出来已经走了十分钟了。”

马维林表姐家是村子里最靠近山脚的一户人家。从她家到玛丽山山顶，通常只需要十分钟的路程。

伊莱沙指着前方的一棵罗望子树，说道：“看，我们才刚到这棵罗望子树。唉，我们才走了一半的路啊。”

几个男孩停下来，捡起地上干燥的坦布兰豆荚，小心地剥开，露出里面褐色的果肉，一边嚼着，一边继续缓慢前行。

丹尼尔抬头望向博格斯上空。天空中，各式各样的风筝在微风中翻飞，有的巨大如鹰，有的玲珑如鸟。色彩斑斓，形态各异。他的目光随后落回脚下，沿着那条蜿蜒穿过灌木丛、通向山顶的狭窄小径缓缓扫视。但耳边的声音仍旧回荡着，仿佛是二战战斗机与巨型蚊子在空中展开一场激烈的交锋。

“你觉得我们能在那边放风筝吗?”丹尼尔问道。

“当然可以，表弟。”伊莱贾答道。

几分钟后，眼前的灌木渐渐稀疏，一片开阔的空地展现在他们面前。丹尼尔走进空地，抬头望向西边的景色，不由得倒吸一口凉气。他仔细打量着博格斯小镇的布局，房子错落有致地铺展在脚下，仿佛一幅生动的立体地图。随后，他的视线转向加勒比海，那片蔚蓝的海水映照着阳光，波光粼粼。他曾在格林纳达美食集市的超市里见过许多精美的明信片，但眼前的景象比任何一张都更加壮丽动人。他认出了杰克亚当岛①和桑迪岛②，洁白的沙洲在阳光下泛着耀眼的光芒，即使在这么远的地方也刺得他忍不住眯起眼睛。几艘游艇静静地停泊在沙洲的东侧，宛如画卷中的点缀。

“桑迪岛后面那个岛叫什么来着?”丹尼尔问身旁的表哥，

---

① 杰克亚当岛(Jack Adam Island)，是格林纳达属地卡里亚库和小马提尼克附近的一个小岛。它是一个受欢迎的潜水和浮潜的地方，拥有丰富的海洋生物和珊瑚礁。

② 桑迪岛(Sandy Isand)，紧临卡里亚库岛的西海岸，生态环境良好。

“就在姐妹岩前面的那个。”他说着，伸手指向一对小岩石前方的小岛。

“哦，你是说马布亚岛[①]啊。”伊莱贾答道，“来的时候你没注意到吗？”

“表哥啊，当时我们还在颠簸的海浪里呢。”

伊莱贾听后轻笑了一声，眼中透出几分戏谑。

“在这座山上真舒服。”丹尼尔感叹道，“风力也刚刚好，正适合放风筝。”

男孩们找到了一处空旷的地方，各自忙活起来。丹尼尔仔细调整风筝的角度，将它对准指南针，准备放飞。几个男孩围了过来，好奇地观望着。

“等一下！”胖子喊道，“你居然用塑料纸糊风筝？你确定它能飞起来？”

“你什么意思？”丹尼尔挑了挑眉，嘴角勾起一抹自信的笑，“等着瞧吧。”

他轻轻一推，黄色、绿色和黑色相间的风筝立刻迎风而起，伴随着沉稳的嗡嗡声迅速升空。一对近 5.5 米长的紫色布条在风筝下方舒展开来，在风中优雅地摆动。胖子和围观的男孩们顿时兴奋地欢呼起来。谁不喜欢会“唱歌”的风筝呢？丹尼尔继

① 马布亚岛（Mabouya），位于卡里亚库岛西北海岸，距离希尔斯堡约 4 公里，是潜水和浮潜的热门地点。

续放出尼龙线，看着风筝越飞越高。他犹豫着，要不要让它一直飞到海的方向去。

“哇，丹尼！”伊莱沙惊叹道，“你是不是想让它飞到杰克亚当岛上去？”

“哈哈，我倒是想看看你回家后要怎么把整卷线收回来。”伊莱贾笑着打趣道。

“那没问题的。”丹尼尔说着，收紧了线，稳稳地控制着风筝，“现在这样就够了。”

风筝已经变成了一个闪亮的小点，高挂在博格斯的海滩上空。丹尼尔紧紧握住线轴，感受着风筝在风中的拉扯。他微微收紧手臂，肱二头肌不自觉地绷了起来，调整着风筝的飞行方向。

“嘿，伙计，你肚子好大啊！”胖子一边放风筝，一边调侃道，“还有，你风筝上怎么还挂着指南针呢！”他的风筝虽然没有丹尼尔的飞得远，但高度却更胜一筹，在天空中稳稳翱翔。

就在男孩们所在的山丘下方，一群小女孩正在放简易[①]风筝。鲁西也放起了一只，上面铺满橙色、黑色和绿色的精美纸片。然而，她的表情却不太对劲，眼圈微微泛红，似乎快要哭出来了。伊莱沙把球棒插进干裂的泥土缝隙里，然后走到她身边。

---

① 简易风筝(flex kite)。主要是指一种结构较为简单，没有硬质框架的风筝。在加勒比地区，孩子们常用手工材料制作简易风筝。这种风筝结构和玩法在当地节庆或假期非常常见。

“鲁西的风筝是哑巴[①]。”伊莱贾皱着眉说道。

他和丹尼尔看着伊莱沙收起妹妹的风筝，仔细检查了一会儿，然后招呼一个男孩去帮他拿点粘樱桃。

“看吧，又来了一位新歌手！”伊莱沙朝山上喊道。

伊莱沙在风筝的鼻子上加了一根新的细纸条，然后把它还给鲁西。“再试一次。”他说。片刻后，鲁西的风筝重新升上天空，清脆高亢的呼啸声随风传遍山顶。兴奋不已的鲁西在原地欢快地跳跃，随后与哥哥击掌庆祝。

“不要把风筝放得太高。”伊莱沙笑着叮嘱她。

就在这时，一个皮肤白皙的男人带着三个跟班高声喊道：“让开，让真正的风筝来！”他们抬着一个巨大的木框风筝，风筝覆盖着白纸，中央是一颗鲜红的星星。

伊莱贾看得目瞪口呆：“贝凯这家伙还真是狂。”

贝凯几乎是命令着周围的人给他们腾出空间，好让他们放飞这架庞然大物。这个风筝足足有 2.5 米高、1.8 米宽，尾巴是用裤腿连接起来的，看上去十分霸气。

伊莱沙紧盯着贝凯和他的跟班，语气凝重地说：“贝凯，你带着这玩意儿就是来闹事的吧？你为什么不去贝莱尔[②]风筝？”

---

① 风筝是用竹子和彩色塑料包装纸制成的。在风筝顶部，用一根线水平绑住，并在上面粘上一张薄纸或包装纸，使风筝发出哨声。当风筝发出这种声音时，我们说风筝在唱歌。

② 贝莱尔(Belair)位于卡里亚库岛的内陆高地，靠近希尔斯堡。

贝凯斜睨了他一眼，嗤笑道："小鬼，搞清楚你的身份。你以为你在跟谁说话？"

伊莱沙摇了摇头，走回丹尼尔身边，低声说道："你盯紧他们。他们放风筝不是为了玩，而是为了攻击别人。"

伊莱贾看了看天上的风势，皱眉道："今天风这么大，他们的风筝尾巴太长了，容易出事。"

"没错。"丹尼尔点点头，沉声说道，"要是这风筝撞到人，可不是闹着玩的。"

山上已经没有更高的地方可以作为基地，男孩们和其他人只能静观其变，随时准备应对贝凯的巨型风筝战术。

贝凯的第一次尝试就以失败告终。他的三个跟班在山下用力拉起风筝，而贝凯则站在丹尼尔和他的表兄弟们对面，紧紧握住粗绳。一阵强风从山坡上席卷而过，贝凯拼命拉扯着风筝线，风筝猛然升空，在15米的高空短暂停留，发出类似电锯般的刺耳嗡鸣。他的伙伴们仰头欣赏自己的杰作，正得意间，风筝突然向左倾斜，随即急速俯冲。人群惊叫着四散奔逃。"砰！"风筝的筝头狠狠撞在坚硬的地面上，发出震耳欲聋的响声。它下坠的过程中，尾巴卷起了几根树枝。丹尼尔和彼得家的兄弟眼睁睁看着鲁西的风筝被卷入气流，在空中摇摆几下后，像陀螺般直直地向博格斯镇子坠去。鲁西泪眼汪汪地冲上山坡，直奔她的哥哥。

"贝凯，你欠我妹妹一只风筝！"伊莱沙愤怒地朝风筝恶霸喊道。

贝凯愣了一下，没搭理他。

看到贝凯准备再次放飞风筝，一些人开始收起自己的风筝。陪孩子们上山的父母们对贝凯和他的跟班们破口大骂，甚至想骂一年似的。

“丹尼尔，你觉得我们现在怎么办？”伊莱沙问道，他指了指正在检查风筝的贝凯一伙。

“我们下山吧。”丹尼尔建议，“他们的风筝飞不远，就算放上天，也只会傻乎乎地停在空中。”

男孩们牵着自己的风筝，慢慢地沿着山坡往下走，寻找一个可以避开贝凯“死亡陷阱”的地方。丹尼尔听不到自己的风筝声，但他能感受到线绳传来的细微震动。他知道风筝仍在狂风中自由地飞舞，或许还在惹恼下面的村民。

“鲁西，小心！”

丹尼尔猛然回头，只见他的小表妹被风筝带着往上拽。伊莱沙飞奔过去，大喊让她松手，但女孩却死死攥着线绳，怎么也不肯放开。

“放手，鲁西！”伊莱沙焦急地喊道。

四周的人也纷纷跟着大叫。鲁西终于意识到自己已经被风筝拉离地面，慌忙松开线球，整个人跌落下来，幸好落在了一片干草堆上。没人注意到那只风筝正朝着大海疯狂飘去。伊莱贾赶紧跑过去，把妹妹抱了起来。

“对不起，沙。”她抽泣着说，“我只是想感受一下你的风筝。”

“没关系。”伊莱沙轻轻拍着她的背，安慰道，“不过是一只风筝而已，妹妹，我们再给你买一只。”

就在这时，一阵尖锐的嗡鸣声划破了天空——贝凯的风筝终于成功升空，盘旋在山丘上方。几个妇女愤怒地警告他：要是他的风筝敢扯掉她们孩子的风筝，就等着瞧！但贝凯毫不在意，仍然操纵着风筝，眼里满是得意。

“是时候把风筝拉下来了。”伊莱贾低声说道。

丹尼尔开始收线，伊莱沙也将风筝线缓缓缠起。鲁西帮着伊莱贾把风筝慢慢降下。男孩们花了将近一个小时，才把风筝收好。夕阳缓缓沉入海平面，余晖洒满山坡。男孩们加入了下山的队伍，沿着熟悉的小径，朝着归家的方向走去。

第八章 婚礼

复活节后的星期一[①]，又是一个炎热干燥的日子。微风稍稍缓解了酷热，却也将尘土吹得到处飘扬。丹尼尔照例早早起床，而且现在的每天晨起小便前，他还要先检查树上有没有蛇。他希望今天还能继续放风筝。他用一杯水漱口，洗脸时，一阵烤面包的香气飘入鼻腔。他立刻循着香味走向厨房。正当他踏入厨房门前，脚趾间忽然传来一丝柔软、冰冷、湿润的触感，他猛地一跳，腾空而起。低头查看后，顿时起了一身鸡皮疙瘩。他赶忙跑到戈斯波树下，捡起一块大石头，拼命地刮擦脚底，直到皮肤泛红，才终于安心地继续向厨房走去。

“早上好，姨妈！你在烤什么好吃的?”

姨妈笑着招呼他，并带他去看烤炉。丹尼尔凑近一看，惊讶地瞪大了眼睛——在屋后，地面隆起了一个小土堆，土堆顶部布满了参差不齐的裂缝，从外观上看，这显然不是金属或混凝土制成的。

“姨妈，这烤炉是用什么做的?”

“是我和你姨夫一起做的。”姨妈指了指烤炉，“你看，用的是牛粪和泥巴。”

---

① Easter Monday，是基督教庆祝复活节的重要节日之一。

丹尼尔正准备伸手进去探个究竟，姨妈一把拽住了他。

“别碰！里面的面包还在烤，烫得很。”

烤炉正面嵌着一扇方形木门，一根粗大的原木牢牢顶住门口，绿色的香蕉叶紧紧封住门缝，防止热气外泄。

姨妈指着厨房餐桌上刚出炉的面包，说道：

“所以你一直都没发现，你吃的面包是家里烤的？”

“不会吧，姨妈？我一直以为是你从商店里买的。”

姨妈笑了笑，摇摇头。“商店里的面包可不便宜，我哪能天天买？”

丹尼尔咬了一口刚出炉的面包，眼睛一亮，惊喜地说道：“这比我妈妈用烤箱烤的还要好吃！”

姨妈微微皱起眉头，认真地说：“你妈妈烤的面包也很棒，她是在卡里亚库学会烘焙的，这你是知道的。”

两人沉默片刻，姨妈抬头对外甥笑了笑，轻声说道：“总有一天，上帝会赐我一个燃气炉和烤箱的。”

丹尼尔帮姨妈一起准备早餐。他们把餐点装在托盘里，端进屋内。不一会儿，家里人便围坐在一起，享用着热腾腾的自制面包，配上鲭鱼罐头和清香的柠檬草茶。

到了九点，男孩们已经把水桶装满，并收集好了柴火。随后，丹尼尔和伊莱贾朝谢丽尔阿姨家旁的一棵李子树走去。

“看啊，这些李子长得像奶头！”伊莱贾指着几颗果实说道。每颗李子上都有一个小小的凸起，看起来像奶头。

“一定要给我留几个奶头李子，记住了！”

丹尼尔抓住树枝，开始往上爬。可当他右手刚攀住树枝时，猛地缩回手，皱起眉头。他换了只手，小心摊开右手掌，仔细检查了一下，然后伸给伊莱贾看。

“哇——哟——哟！”伊莱贾惊叫着，摊开自己的手掌给丹尼尔看，手上也布满了勒出的红痕。“尼龙线可不会让手磨伤，不会的。”

两人对比着彼此手上被风筝线磨出的伤痕，咧嘴笑了起来。

“谢丽尔阿姨该砍掉这些木薯了[①]，真讨厌。”伊莱贾望向不远处的田地，随口说道，“再过不久，她就能做法林[②]了。”

他们坐在低矮的树枝上，边吃李子边比赛谁吐出的果核飞得更远。正在这时，伊莱沙的声音打破了他们的“李子盛宴”。

“丹尼尔！伊莱贾！快来十字路口，他们要去给温迪的婚礼跳舞了！”

“沙在说什么？”丹尼尔一脸疑惑地看向伊莱贾。

“别管了，走吧，我们去看看！”

十字路口已经聚满了人，戈德温的弦乐队正演奏着欢快的曲调。一个年轻人用芬达玻璃瓶刮擦着节奏板，为音乐增添了几分趣味。路中央，两名男子正围着彼此转圈，像骑士对决一般

---

① 木薯(Cassava)是一种根茎植物，广泛种植于热带地区。

② 法林(Farine)是一种通过加工木薯根制作的食品，详见第九章。

摆出架势。不同的是，他们手中握的不是长矛，而是近 2.5 米长的竹竿，竿上还系着一面红旗。丹尼尔注意到，每根竹竿的顶端——也就是旗杆的末端，都绑着一串九重葛花和五彩斑斓的巴豆叶。几个人在人群中来回穿梭，不断敦促大家向后退，让出更大的空间，好让旗手们尽情施展身手。

伊莱沙向大家解释着眼前发生的一切。“穿蓝色裤子的那个人是温迪的父亲，梅尔文表哥。另一个是库斯伯特的兄弟，休伯特。他们正在跳舞，互相挥舞旗帜逗弄对方。等到两面旗子碰在一起、缠绕在一块时，舞蹈就结束了。”

丹尼尔听得津津有味，他从没在格林纳达见过这样的表演。梅尔文表哥手中的红旗中央，用白色大字写着“一心一意”(*ONE LOVE*)，而休伯特的旗帜上则写着“一家人”(*ONE FAMILY*)。两人不断用竹竿互相敲击，如同骑士决斗一般。休伯特缓缓地挥动竹竿，朝梅尔文表哥的脚踝扫去，后者敏捷地跃起躲避，并迅速用竹竿轻敲对手的头部。休伯特灵巧地侧身避开，接着举起竹竿轻轻撞向对方的长杆。两人继续你来我往，仿佛在角力、较量，直到两面旗帜缠绕在一起。他们随即将缠绕的竹竿放在十字路口的中央，围观的人群欢呼雀跃。

这时，丹尼尔敏锐地察觉到，戈德温的乐队调整了旋律，鼓点变得更加细腻柔和。两位身材丰腴的女士缓缓步入场中，她们头顶的发带上稳稳地托着一块白色蛋糕。鼓声响起，围观的家族成员开始吟唱，女士们随着音乐翩然起舞，摆动臀部和手臂，彼此绕圈。

当两位女士突然“倒”在地上时，丹尼尔惊讶得瞪大了眼睛，嘴巴微微张开。“她们不会把蛋糕摔掉吧?”他惊叹道。整场舞蹈如此激烈，可她们头顶的蛋糕竟然丝毫未动。他不由自主地屏住了呼吸。

“不会的，表弟。”伊莱贾拍了拍他的肩，满脸笃定地说。

片刻后，乐手们渐渐转换节奏，鼓点变得轻盈跳跃，提醒着女士们可以将蛋糕取下来了。

“看看她们现在拿着蛋糕跳舞的样子。”伊莱贾笑着说道，随着悦耳的旋律轻轻晃动着脑袋。

舞者们开始以“8”字形的轨迹移动手中的蛋糕，有时两块蛋糕之间的距离仅几英寸。丹尼尔看着，觉得这场面就像是在挥舞旗帜，但两块蛋糕始终没有碰触到彼此。

双方的家庭成员和支持者兴奋地为自家代表加油助威。随着舞步的变换，两位舞者将蛋糕交给其他女二，接力般地继续舞蹈。接着，更多的家庭成员也加入进来，轮流托举着蛋糕舞动。

“就像一场蛋糕接力赛。”丹尼尔感叹道。

最终，蛋糕又回到了最初的舞者手中，他们小心翼翼地将珍贵的糕点重新稳稳地放在头上，继续跳了几分钟，舞蹈才渐渐落下帷幕。

男孩们在现场逗留了一会儿，才恋恋不舍地回家。刚到家门口，一股浓郁的鱼香扑鼻而来。

“太棒了!”伊莱贾兴奋地喊道,“蒸鱼配库库豆!”

丹尼尔偷偷笑了笑,但没有发表任何意见。他们很快围坐在餐桌前,狼吞虎咽地享用起美味的午餐,最后用红糖青柠汁将食物冲下肚。

吃完饭后,伊莱贾转头对姨妈说:“谢丽尔阿姨已经把木薯切碎了。”

“啊,我知道。”姨妈点点头,“她打算周三晚上做法林。”

伊莱贾反手给了丹尼尔的上臂一拳,笑道:“你信不信,到时候肯定会有很多人来吃的!”

丹尼尔微笑着,心里盘算着能带些法林回去给妈妈。他觉得这次卡里亚库之行实在太棒了。

“我想明天去希尔斯堡看看伯纳丁姨妈,”他开口道,“她说我好久没去看她了。”

下午四点半,全家人抵达博格斯社区中心,参加温迪和库斯伯特的婚宴。大家都穿上了自己最体面的衣服。丹尼尔眨了眨眼,盯着姨夫瞧了一会儿。

“哇!姨夫看起来完全变了个样,简直像个小伙子。”

姨夫穿着深绿色的涤纶长裤和黑色长袖衬衫,显得陌生极了。丹尼尔早已习惯了他平日里那副模样——破旧的卡其色长裤、磨破洞的衬衫、褪色的黑靴子和一顶草帽。而如今,戴着圆顶硬礼帽的他,竟比社区中心大多数人都要高出一头,简直像换了个人。

婚宴上的食物多得就像博格斯海滩上的沙粒一样。丹尼尔难以置信，哪怕经历了周六的庆祝派对，他依然能再吃上两轮。饮料源源不断地供应着，仿佛密西西比河般流淌。孩子们除了圣诞节，恐怕从没喝过这么多瓶装甜饮料。

“哇，鲁西！你已经喝第四杯雪碧了！”伊莱沙咧嘴对妹妹说道。

“那又怎么样？”鲁西白了他一眼，然后大步走向放椰糖饼的容器。

伊莱沙摇摇头，男孩们哈哈大笑。

此时，戈德温和他的弦乐队奏起欢快的旋律，让整个宴会的气氛达到了高潮。他们巧妙地将节奏融合进舞步的“脚跟-脚尖”律动中，舞者们在缓慢的华尔兹与快速旋转之间自由切换。只要一跳起舞，就没有人愿意再坐下了。

这时，八个人——四男四女，包括新郎新娘——围成一个圈，开始舞动。圈中的人里，姨妈和姨夫的身高格外突出，显得鹤立鸡群。

“贾，他们看起来像是在跳四方舞①。”伊莱沙说道。

“四方舞是什么？”丹尼尔一边观察，一边好奇地问。

“是一种当地人跳的舞蹈，”伊莱沙解释道，“但更多是埃斯特尔人爱跳。”

---

① 四方舞是一种源自法国的传统舞蹈，在埃斯特尔（L'Esterre）地区广为流行。

“那就去看看吧！刚才都没注意到。”伊莱贾笑着说道，兴奋地朝人群走去。

这一次，西里尔先生用小提琴领奏，舞者们手拉手，按照逆时针方向舞动。大约二十秒后，女舞者们向圆圈中央鞠躬，随后舞者们成对分开。有时候，他们不牵手跳舞；有时候，男舞者会先与一位女士共舞片刻，然后再转向下一位女舞者。

“他们旋转、穿梭、绕圈，看得我头都晕了。”丹尼尔感叹道。

没过多久，他自己也被拉进了舞圈，在其他舞者的带领下，迅速熟悉了四方舞的节奏，开始随音乐起舞。

第九章 法林[1]

① 法林(Farine)：是一种用木薯制成的传统食物。它经过烘烤或煮熟后变成小颗粒,可以直接食用。它既可以作为谷类食品的替代品,也可以作为零食与红糖一起食用。法林是在一个大铜锅中用柴火烹制的。

第二天早上，丹尼尔、伊莱贾和伊莱沙坐上了红男的巴士，前往希尔斯堡。等他们从镇上那辆蓝色的达特桑汽车上跳下来时，三个人的耳朵几乎都要被震聋了。丹尼尔用手指掏了掏耳朵，发誓这辈子再也不想听乡村/西部歌曲了。而彼得斯家的两兄弟却在去伯纳丁姨妈家的一路上，情不自禁地吹起了《乡村酒吧男人》(*Honky Tonk Man*)①。看着他们一本正经地哼唱，丹尼尔笑得前仰后合。

当天晚上，男孩们乘坐早上那辆巴士返回博格斯。没想到，车里仍然播放着乡村音乐，而红男的跑调歌声更是让这场“折磨”变本加厉。

“至少他可能会让老天爷降点雨。”伊莱沙开玩笑道，伊莱贾和丹尼尔忍不住窃笑。

他们拎着满满几袋战利品——罗望子、水栗，还有伯纳丁姨妈亲手做的“小圆面包”。不过，丹尼尔一直不明白，为什么卡里亚库人会把这种糕点叫作“小圆面包”，它吃起来更像是甜面包，而在格林纳达，小圆面包更像蛋糕。伯纳丁姨妈特意为在格林纳达的姐姐也打包了几块半甜糕点。

---

① 这是强尼荷顿(Johnny Horton)，美国乡村摇滚歌手的成名作之一。

“我给妈妈带回来的面包，我可得小心地放好了。”他在嘈杂的音乐声中嘀咕着。

回到家，男孩们赶紧换上家常便服，抓紧最后一点日光去采摘李子。等到黄昏时分，他们已经收获了六桶李子。想到母亲能用这些李子炖出一大锅香甜可口的李子炖肉来，丹尼尔忍不住咽了咽口水。

那天晚上，全家人吃完美味的玉米粥后，围坐在大厅的餐桌旁玩牌。姨妈在“搜索包”游戏中连赢几局，惹得孩子们直皱眉头。姨夫在第三局后就率先投降，而鲁西还没等到第四局结束，就已经打起了盹。

男孩们热烈地讨论着两天后丹尼尔和伊莱贾返回格林纳达的事情。

“别担心，我亲爱的表弟。返程的路会平稳些。”伊莱贾笑着安慰道。

“明天谢丽尔阿姨的木薯怎么办？”丹尼尔问道。

“他们今天就开始处理了。早上你们没看到有人在她家门口剥木薯皮吗？”姨妈说道。

男孩们齐刷刷地摇了摇头。

“妈妈，你忘了我们今天一整天都在伯纳丁姨妈家吗？”伊莱沙提醒母亲。

姨妈停顿了一下，然后继续解释：“无论如何，木薯剥皮后必须磨碎。”

“你是说他们要用刨丝器把所有木薯磨碎?”丹尼尔脱口而出。

“他们会去约翰先生家,把木薯送到他的磨坊里去研磨。之后,他们要榨一次毒液,再把木薯筛好,撒上盐,最后才能放进锅里烘烤。”

丹尼尔回忆起五年前和表兄弟们一起去镇里更远的地方,在一个巨大的铜锅里烤法林。他估算了一下,如今自己身高约1米75,站在锅边,脚底到锅沿之间还有足够的空间。

“那他们是怎么把毒液榨出来的?”丹尼尔脑海里浮现出几个壮汉徒手挤压大盆里木薯粉的画面。

“他们会把木薯放进一个袋子里,然后在上面压上大石头,这样毒液就能被挤出来。”伊莱贾解释道。

“那他们什么时候开始做法林?”

“大概六点半。”姨妈确认道。

“贾,我想去看看他们怎么做法林的。我已经不记得上次在卡里亚库看到的过程了。”丹尼尔说。

“好啊,反正妈妈和爸爸明天都要去帮谢丽尔阿姨,我们就一起过去。”伊莱贾爽快地答应。

男孩们又打了一局牌,这才结束了一天的活动。

第二天晚上,丹尼尔陪同彼得斯一家前往约翰先生家,帮谢丽尔阿姨和她的家人烤法林。刚踏进院子,鲍勃·马利悠扬而慵懒的歌声便迎面而来。巨大的平底锅下已燃起熊熊炉火,圣灯的光影在夜色中轻轻摇曳。

丹尼尔扫了一眼地上成堆的被压榨过木薯，又环顾四周，心里暗自推测：谢丽尔阿姨家除了用作房屋围栏的那些树木，应该还有不少额外的储备。这位年近九旬的老人竟然亲自参与整个制作过程，令他不禁感叹她身体的硬朗和充沛的精力。

谢丽尔阿姨往锅里丢了一大块猪油，眼看着油脂缓缓融化，均匀地扩散开来。几分钟后，她示意儿子克里斯多夫将木薯倒进热锅里。克里斯多夫手持一个葫芦，熟练地将成堆的木薯迅速倒入锅中。

“沙，把推子递给我。”拉斯说。

伊莱沙立刻递给这位拉斯塔法里教徒一根长长的木制工具，他接过后，迅速在锅里推、拉、搅拌，使木薯受热均匀。克里斯多夫又添了一些木薯，直到锅被填满。他还往混合物中塞进几片叶子。

“克里斯多夫先生为什么往法林里放树叶？”丹尼尔好奇地问。

“那是月桂叶。”坦坦回答，“用来增添风味，让法林更香。”

两人继续翻炒锅中的木薯，搅拌的速度渐渐放慢。谢丽尔阿姨不时大声指挥，有时催促加快搅拌，有时要求再添柴加火。每隔几分钟，大家轮流接手搅拌，以确保整个制作过程不间断地持续下去。经过五个小时的忙碌，十二个人抬着装满法林的大木盘，缓缓朝着谢丽尔阿姨家走去。丹尼尔自豪地成为抬盘队伍中的一员，他高举着火把，引领大家穿过漆黑的村庄。回到家后，谢丽尔阿姨向姨妈保证，第二天她就能拿到几磅加工好的木薯。这位村里的女族长还特意叮嘱姨妈，一定要把一部分送到格林纳达，带给丹尼尔的母亲。

第十章
再见卡里亚库岛

“快点啊，你们！”丹尼尔不耐烦地催促，“要是错过了船，我们得等到下周才能回去了。”

这是丹尼尔和伊莱贾在卡里亚库的最后几个小时。他们的行李里塞满了水果、面粉、伯纳丁姨妈做的面包，还有几瓶来自圣文森特的黑葡萄酒。

“小家伙，我早就准备好了。”伊莱贾一边系紧鞋带，一边说道。

“我已经在家了。”伊莱沙笑着说，“我不需要赶时间。”

“你可真轻松！”伊莱贾不满地嘟囔。

丹尼尔和伊莱贾含着泪水和姨妈、姨夫以及鲁西告别。伊莱沙决定陪他们一起去希尔斯堡，而鲁西则一路跟着他们走到大路口，嘴里不停地叨叨着。

“哥哥，下次什么时候再见？”

“不确定。”伊莱贾轻声说道，“不过妈妈今年应该会带你去格林纳达。”

“啊，我害怕坐船，不想去。”鲁西嘟着嘴说，“但我一定会想你的。”

伊莱贾笑了笑。

“行吧，别睡过头了，知道吗？”鲁西恳求道，“下周就是马龙节[1]，你别忘了！”

“鲁西，我们下周一就开学了，今天必须回去。”

“那你八月份会回来参加帆船赛吗？”

“不确定。”

“那你十二月总该回来参加帕朗节[2]吧？”

丹尼尔笑了。

“哎呀，丹尼尔！”鲁西突然惊呼，“你的肚子怎么变大了？”说完，她哈哈大笑起来。

哥哥们顺着她的目光看向丹尼尔身上的《星球大战》T恤，也忍不住笑出声来。这件衣服似乎被撑得有点紧，绷在他的小腹上。丹尼尔惊慌地低头一看，发现自己还能看到脚，顿时倒吸了一口凉气。

伊莱贾一直牵着妹妹的手，直到一辆公交车驶来。看到那辆蓝色的达特桑汽车拐过弯时，他忍不住抱怨道：

“真糟糕”。丹尼尔小声嘀咕，语气中带着一丝无奈。

告别鲁西后，三个男孩忍受着肯尼·罗杰斯[3]的歌曲折磨

---

① 马龙节(Maroon)：卡里亚库马龙节的一大亮点是品尝和分享熏制食物，通常包括米饭卷、各种食物以及用大锅在炉边烹制的肉类，由村民共同分享。

② 帕朗节(Parang)：卡里亚库岛的传统节日帕朗节始于1977年，节日期间，人们会演唱传统的圣诞颂歌，并通过歌曲讲述一年中发生的幽默故事。节日期间，卡里亚库岛各个村庄的代表乐队会参加比赛，争夺奖项和荣誉。

③ 肯尼·罗杰斯(Kenny Rogers)是一位著名的美国乡村歌手和音乐家，以其深情的嗓音和经典的乡村音乐作品闻名，他的音乐在1970年到1980年代非常流行。

了整整十五分钟，直到他们在城里下车。距离船开走还有一小时的空闲时间。

“看起来有不少人要回去。”丹尼尔观察着周围，“你看到那些小学生了吗？”

“看到了，”伊莱贾回答，“毕竟这是开学前最后一艘客船。”

“好吧，我们上甲板找个好位置。”丹尼尔提议。

他们三人击掌道别，伊莱沙留在码头，而丹尼尔和伊莱贾则吹着《城里的懦夫》(Coward of the County)[①]的曲调，缓缓走向船只。

伊莱贾选了个靠近救生艇的位置，兄弟俩坐定后，客船驶离港口，朝着加勒比海上的圣乔治[②]方向驶去。

“七个小时的航程啊……”丹尼尔忍不住抱怨。

“这次应该会快点，平稳些。”

“亲爱的表哥，这是我过得最棒的复活节假期！谢谢你带我来。”

兄弟俩再次击掌庆祝。

一个小时后，双桅船驶过桑迪岛，丹尼尔回头望向卡里亚库岛，心里已经在盘算着暑假再回博格斯的计划了。

---

① 这是 kenny Rogers 的代表作之一。

② 圣乔治(St. George's)是格林纳达的首府，也是该国最大的城市。

后记

卡里亚库岛是格林纳丁斯群岛中最大的岛屿，同时也是格林纳达的附属岛屿。它与小马提尼克岛共同构成格林纳达的第七教区。该岛的主要城镇是位于西海岸的希尔斯堡。

卡里亚库岛是格林纳达文化最为丰富的地区之一，拥有众多独特的传统活动，包括：向风群岛传统的造船工艺；马龙节、墓碑节及其他节庆中的大鼓舞表演；婚礼上的传统旗帜舞和蛋糕舞；12 月的帕朗节；8 月的帆船赛节；以及 4 月的马龙节和弦乐队音乐节。

本书中的人物或许是虚构的，但故事中描述的活动真实地反映了卡里亚库岛许多居民的日常生活。

尽管作者并非长期居住在卡里亚库岛，但他的许多亲属生活在岛上。他经常前往该岛造访，并密切关注当地人的生活方式与语言特色。需要注意的是，书中丹尼尔的语言风格与他的表兄弟及其他卡里亚库人略有不同，反映出方言的地域差异。

本书适合对加勒比地区不同方言感兴趣的读者，能够引领读者重点关注格林纳达及卡里亚库岛的语言特色。